運と上司に恵まれなくても

キャンプに行けば大丈夫

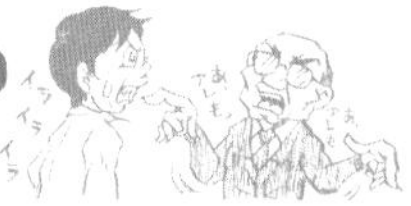
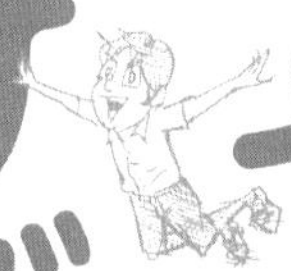
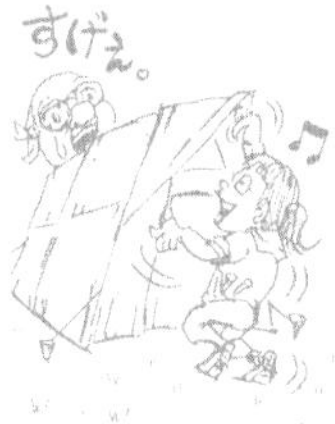

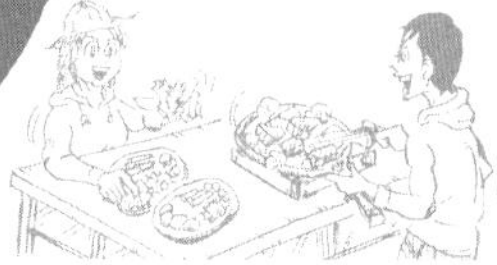
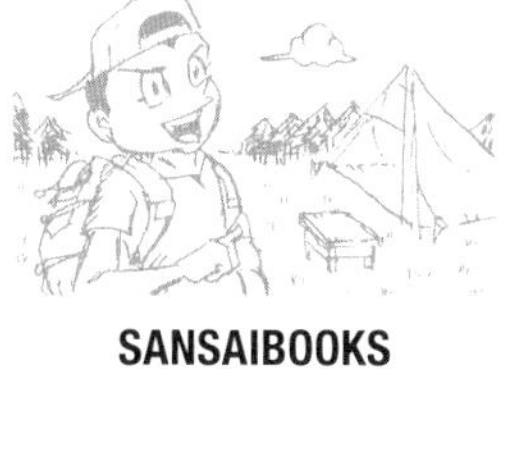

SANSAIBOOKS

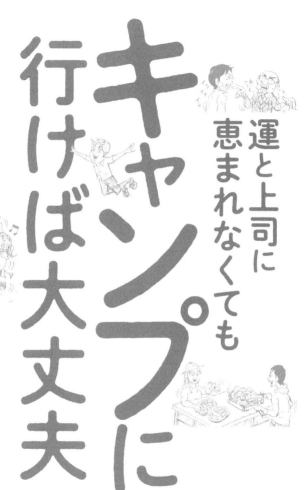

はじめに

キャンプに行けば、なんでも解決！

突然だが、この世の中には二種類の人間がいる。「キャンプをする人」と「キャンプをしない人」じゃ。

どちらの人生が幸せか。そりゃ「キャンプをする人」に決まっておる。ワシがハマってからはや数十年。いまなお、キャンプという沼に飽きることなくどっぷりと浸かっておる。こんなに飽きずに続けられる趣味というのも、なかなか珍しい。

みなさんの中にも、自然の中に身を置いた時、何もしなくても心が癒やされるような、リラックスできるような、そんな感覚を抱いたことがある人は多いはず。それは気のせいではなく、研究・エビデンスに基づいた、人間として正しい反応なのじゃよ。

自然に囲まれた環境で楽しむキャンプは、人間の体や心、脳にたくさんのポジティブな効果をもたらしてくれる。

大自然の中で食事や睡眠をとったり、森林浴をしたり、ひとりでぼうっと景色を眺めたり、はたまた友人とワイワイ焚き火を囲んだり……。キャンプでのすべての行動を通じて、人は無意識のうちに、キャンプが持つ計り知れない効能を享受しているんじゃよ。

本書には、「日常のお悩みをキャンプで解決する方法」をたくさん収録しておる。彼女いない歴30年のサラリーマンも、倦怠期のカップルも、子育てでお悩み中の夫婦も、日々たくさんのストレスと戦っている人はみんな、迷わずキャンプに行けばいい。あらゆる悩みの解決策は、キャンプに潜んでおるからじゃ。

もし、この本を読んで「すぐにキャンプを始めてみたい」と思ったキャンプ未経験の人がいたら、ぜひその気持ちを大切に、最初の一歩を踏み出してほしい。最近は、道具一式をまとめて貸してくれるキャンプ場もあるので、初期投資も最低限で済むはずじゃ。

一方でキャンプ経験者は、これまでなんとなく楽しんできた趣味の、驚くべき副次的効果を知ることで、より一層キャンプが好きになるだろうし、自身のキャンプスタイルを再考するきっかけにもなるはず。

つまり本書は、キャンプ未経験者にも熟練キャンパーにも抜群の効果をもたらしてくれる、言うなれば「明日をよりよく生きるための処方箋」じゃ。心して読みたまえ。

運と上司に恵まれなくても キャンプに行けば大丈夫 目次

第2章
癒やし・セラピー編

目次

登場人物紹介

日常のモヤモヤ、
どうにかしたい！

悩んでいる人

都会でごく平凡な暮らしを送る30代の男女。一見幸せのように見えるけど、実はあれこれ悩んでいて——。仕事や恋愛、育児、心の問題まで、現代人が抱えるさまざまなストレスを代弁します。

すべてキャンプで
解決してみせるぞ！

答えてくれる人

「キャンプと出会い、人生が変わった」という、その道40年以上の超ベテランキャンパー。自らのキャンプ経験によって得た学びをもとに、キャンプが持つさまざまな効果と、その理由を教えます。

第1章

メンタルヘルス編

29歳会社員
ヤスオさんの場合――
おつかれさまでーす
おつかれ～
今日も残業か……
最近ミス多いよな
なんじゃこら
すみません…
彼女にもフラれるし
ああ
さよなら。
日に日にストレスが溜まってる気がする
CONVENIENCE
BOOKS

ランチも毎日ひとり……
…
!?
ブル
ブル
山田山夫
090-XXXXXX
応答
拒否
……
久しぶり！
ところで
週末ヒマ？
あ、
ちょうど
空いてる
って毎週ヒマだけど……
キャンプ
行かない？
ひとり欠け
ちゃってさ
え……
でも道具とか
持ってないし
レンタル
できるから
手ぶらで
OK
じ、じゃ
行こうかな
じゃ明日、
6時に
青空駅で
ノリで決めてしまった――

そして土曜日の朝
お、おはよ……
おはよー
今日はよろしく～
それ運んでもらえる？
テキパキ
あ、はい
自然の中にいると頭が休まる感じがするな
今までの悩みがなんだかちっぽけに思えてきた……！

心のメンテナンス効果を実感した僕はさっそく――
初心者向けのソロキャンプセット下さい！
あ、はい
じゃ、テントとシュラフとマットと――
OUTDOO SALE
いきなりソロキャンプに挑戦！
F1RST!
SAND!
FIRE!
SUN!
デトックス効果ハンパねえ～
キャンプに通うようになって以来
・・・
・・・
肩の力が抜け充実した毎日を送っています

キャンプをすれば……じっと耐えるだけではダメ。ストレスが他人事になる！

お悩み

精神が豆腐並みです。すぐに揺れて崩れます。とくに人間関係に関するストレスが強く、いますぐ逃げ出したい気分です。

メンタルが崩れる理由は、とっても大雑把に分けるとふたつある。ひとつは「自分が嫌われているんじゃないか」と思い込むパターン。心理学では「社会的排斥リスク」と呼ばれていて、そのせいでくよくよ悩んだり、反対に周囲の人間に対しての敵意が高まったりする。

ふたつめは自尊心の問題。人間は悲しいかな、類人猿だった頃の名残でいまだにマウンティングを取り合う生き物なので、負けるとメンタルが弱ってしまう。

これらの問題を回避するために最適なのが、キャンプじゃ。自然に囲まれた広い場所で他人と適度に距離を取りながら、自分を見つめ直す時間を持つことができる。協力が必要な作業は、最低限のシンプルな信頼感を思い出させてくれるしな。

ストレスは渦中にいると、それが世界のすべてかのように思えてしまう。しかしいったん離れてみると、**自分の感じているストレスを相対化**することができるんじゃ。だからキャンプに行って、日常から距離を取っている間に、心の中を整理してみるんじゃ。そうするとストレスを客観的に見られるようになって、「**自分の悩みなんて人生においてこの程度の大きさだなぁ**」って気付くことができる。これはキャンプの後にもしばらく効果があるぞ。

メンテナンスとして定期的にキャンプに行こう。ワシくらいになると、ひとりでも気軽に行けるようになるからな。なんだ!? ワシはひとりでも寂しくないぞ……!

キャンプをすれば……

趣味にどっぷり浸かるべし。金遣いにメリハリが出る！

お悩み

人におごったりギャンブルをしたり……。無意識のうちに散財していることが多く、将来が不安になってきました。

散財ということは、もしや、まったく貯金がないのか!? それじゃあ確かに不安じゃな……。貯金というのは「これに使おう」という目標がないとなかなか貯まらないもの。ワシの周りの人間を見渡すと、趣味にどっぷりとハマっている者ほど、ほかのところでは倹約ができている。貯金をする場合も同じで、その理由が

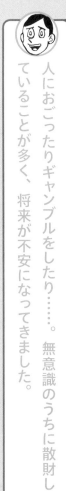

「将来のため」だと、なんだか漠然としていて我慢を続ける気も起きんじゃろう。
結局、我慢そのものがストレスになって手元のお金を使ってしまい、気が付くと貯金がなくなって……の繰り返しじゃ。

もしおぬしの趣味がキャンプになったら、とてもいいと思う。キャンプは大きい道具から小さい道具まで、こまごまと買うものがあるし、アイテムも充実していて楽しい。だいたい初心者はガスバーナーに憧れるじゃろう？　そこから始めて、アウトドア用のマグカップや折りたためるテーブルとチェア、タープ……。どうじゃ、魅力的に思えんか？　道具を使い続けていくことで愛着が湧いて気持ちも落ち着き、散財することも減るかもしれん。

キャンプ道具にお金を使うようになれば、必然的にほかの無駄な出費を見直すようになる。キャンプというものは、道具がひとつ増えるごとに楽しみ方も加速度的に広がっていく趣味だから、金遣いにメリハリをつけることのメリットもわかりやすく実感できるはずじゃ。

キャンプをすれば……

自信は自分で勝ち取るもの。自己効力感が向上する！

お悩み

何かにつけて自信がなくビビりで逃げ癖があります。物事ひとつ決めるにも、本当にそれでいいのかいつも迷いが生じます。

その気持ち、わかるぞ。ワシも昔は自分に自信がなさすぎて、自分の選択することが何も信じられなかった。キャンプの道具選びはもちろん、買いに行くお店選びにも自信がないし、やっと買いに行けても、店員さんにちょっと声をかけられただけで、「何か間違ったことでもしたのか」と心臓をバクバクさせたものじゃ。

だからこそわかるんじゃが、**キャンプはとても「自己効力感」を高めてくれる**。要は自分が「きちんと行動できるぞ！」「物事をやり通せるぞ！」という自信をつけられるということじゃ。とりわけ大事なのは、他人からリアクションをもらうこと。我々の脳は、人間に対して一番反応するようにできている。だからワシもおぬしの自己意識も、周囲の人たちからのリアクションで構成されている一面があるんじゃ。

ひとりでキャンプに行ってSNSで「いいね！」をもらうのもいいが、もっといいのは**その場に一緒にいる友人からダイレクトに褒めてもらう**ことじゃな。役割分担があったらそこで活躍したり、料理が得意なら振る舞ってみたり。キャンプ仲間に頼りにされることが、一番おぬしに自信をつけてくれる。

もしその日にできなかったことがあったとしても、頼りにされた分の自信は持って帰ることができるし、できなかったことは次回のキャンプの課題にできる。

いったん課題ができると、「これで合っているのかな……」という迷いや不安もそのうちなくなっていくはずじゃ。応援しておるぞ～！

お悩み

毎日疲れているような気がするのですが、これって自分の心が弱いだけで、実はみんなもそうなのでしょうか。

キャンプをすれば……日常と非日常時の差を比べよう。自分の危険信号を察知できる！

自分の疲れを他人と比較する必要はないぞ。自分が疲れていると思ったら、それは疲れているんじゃ。人の辛さに大小はない。自分の感覚を大事にしような。

ありがとうございます（涙）。

心は、しばらく動きに変化がないと、不具合に気づけなくなるものじゃ。おぬしは疲れている状態が続いているようじゃが、そうすると自分が疲れていることを客観視できなくなっていくぞ。忙しさや落ち込み、苛立っている状態もそうじゃ。

そこで、キャンプじゃ。

またですか。

そういう本だからな。キャンプで**非日常的な時間を過ごすと、心がいつもとは違う刺激を受けて、感情が普段と違う動き方をする。その時にすかさず「違和感」に気付くこと**が、普段の自分の不具合を把握する第一歩じゃ。まぁそこまで意識しなくても、何かと忙しい日常から解放されるだけで、「いつも無理していたんだな」と自然に気がつけるものじゃよ。キャンプが、普段の自分が危険な精神状態であったことを察知するきっかけになる。

「疲れ」に気付いてからは、どうすればいいですか？

疲れなどの不具合を察知したら、**その時キャンプ場にいる自分の状態を記憶**しておいてくれ。通常我々は自分の状態を記憶しておきづらいが、サプライズをともなうことで記憶しやすくなるんじゃ。だから、たとえばキャンプ場で夕焼けを見て感動したら、それを発見できた喜びとともに、その時の「疲れていない自分」の気持ちや、体の感覚を覚えておいてほしいんじゃ。

じゃあ日常の感覚を、その時の感覚に寄せていけばいいんですか？

寄せていくというよりは、**タイムスリップする感覚**じゃな。心は、実は自由自在にタイムスリップすることができる。もしまた日常で、自分が疲れているのかどうかわからなくなったら、ちょっと時間が空いた時にでも、キャンプ場にいた時の自分に一瞬タイムスリップして、比較してみるのがよいじゃろう。

もく
もく。
うふっ!
もく
もく。

キャンプをすれば……
気にしすぎが一番ハゲる。生存本能が刺激され脱毛予防に！

お悩み

最近、抜け毛のことばかり考えています。というか、考えずにいられない抜け毛の量です。このままでは確実にハゲます。

最初に言っておくが、ワシのバンダナの中身は秘密じゃ。ワシも昔から知っておけば……！　という知識があるので、おぬしには伝えておこう。

キャンプをすると、生存本能を刺激される場面に多く遭遇する。そして人間は**生存本能を刺激されると、アンチエイジング効果を得られる**のじゃ。それから、キャンプを遂行したことによって得られる**「自己効力感」の高まり**にもアンチエイジングの効果があると言われておる。ついでに**免疫機能も高まって**、脱毛症の原因にもなる免疫異常も防いでくれる。

もっとよいのは、キャンプで体を動かして、お腹を空かせることじゃ。空腹にもアンチエイジング遺伝子を刺激する働きがあり、これはもう確実とされている。ただし、倒れるまで頑張るのは危険じゃ。ちょっとクルマを走らせれば、コンビニまで行けるような立地のキャンプ場などで気軽に挑戦してみよう。

だいたい一番よくないのが、毎日気にし過ぎで不安になっていることじゃ。不安はエイジングを加速させる要素のひとつ。それによって気にしている抜け毛の量が余計に増えてしまうかもしれん……。不安な気持ちは体感時間を長くさせるので、**ストレスで狭まった視野をキャンプで解放**するとよいだろう。

その効果のほどはさておき、キャンプに行けば自然とアンチエイジング効果が得られる。間違いない！

お悩み

最近何も楽しくありません。何にも心が動かないいし、とにかくやる気が起きないのです。私の重い腰はいつ上がるのか……。

キャンプをすれば……
目標を達成することが大事。「行動活性化」の第一歩に！

何かひとつでもできればやる気につながるとわかっていても、なかなか一歩が踏み出せない状態じゃな。

心理療法の世界では、ひとつ達成感を感じるとやる気が上がるという「行動活性化」療法が取り入れられておる。目の前の課題をクリアすれば絶対に元気が出てくると信じて、とにかく動いてみてはどうじゃ?

たとえばキャンプに行くとして、いまの状態でいきなりキャンプ全体のことを考えるのは、それこそ気が重いだろう。**そこでまずは計画書を書いてみる**。こういう時は行動を**具体的**に、そして**見えるようにする**ことが大切なんじゃ。「バーナーを買いに行く」など、小さなことからひとつずつ紙に書く。道具をひとつずつそろえたら、キャンプをする場所を決めて、スケジュールを作って……。

計画書があれば、いままで自分が積み上げてきた成果も見られるし、目標達成まで、いまどの辺りにいるのかも一目瞭然となり、一層やる気が出るぞ。

それと「**自分が実行できそうな計画にする**」ことも大切じゃ。細かく完璧に立ててしまうと、始める前から精神的な負担が大きくなるし、ちょっとできなかっただけで失敗した気分になるからな……。もはや計画が立てられた時点で、ひとつ行動できたくらいの気持ちで、気楽にやっていこう。目標のキャンプに行ける頃には、おぬしの気分が楽しくなっていることを願っているぞ!

お悩み

仕事のやりがいなし、恋人なし、無趣味です。なぜ生きているのか理由がわからないまま一生を終えそうです。

キャンプをすれば……
理由をいちいち考えない。恋人もできて人生バラ色！

はいっ、おぬしはキャンプ行き決定〜〜〜！　いまから、いつ何時でも趣味を聞かれたら、「キャンプです！」と笑顔で即答するように。もうそれだけで、おぬしの悩みは半分解決したも同然じゃぞ。

ワシの友人のキャンパー夫妻も、毎週末キャンプをしておる。キャンプのために

休みを合わせるので、夫婦の時間も確保できて関係性は良好じゃ。

しかも平日は何をしていると思う？　次のキャンプに持って行くかもわからないようなキャンプグッズをあれこれ買いそろえて、それを部屋の中に配置して楽しんでおるぞ!?　遊びに行くたびにリビングのチェアやテーブルは変わっているし、キッチンにはフラッグガーランドを飾っているし、さすがのワシもびっくりじゃ。

おぬしも**キャンプを趣味にするだけで、人生は確実に充実する**ぞ。仲間ができれば友人を紹介されたり、キャンプ場で知り合った人と情報交換をしたりしているうちに、思いがけず恋人だってできるかもしれん！　いや、できる。できるに決まっておる!!!!

仕事のやりがいばかりを追い求めていたら、気が滅入るばかりじゃ。週末キャンプを楽しみに、平日の仕事を乗り切ろう。答えが出ないことに悩むより、いつもと違う環境で、脳みそを休ませる機会を設けるほうが建設的じゃぞ。

キャンプをすれば……
自分の小ささを知ることが大事。大自然に触れて等身大になれる！

お悩み

人からよく思われたいという気持ちが強く、見栄を張って生きています。本当はもっとナチュラルに生きたいのに……。

本当は、ナチュラルに、肩の力を抜いて生きたいって思っているんですけど、いつも人の目を気にしている感じなんです。

これは最近とくによく相談されることじゃな。みんな同じようなことで悩んでおる。見栄を張るってどんなことをしておるんだ？

読めない洋書を端っこに写してみたり、洋書の上にアクセサリーを置いて写真を撮って、ＳＮＳに投稿したりしています。

本の上に物を置くな〜！　おぬしは、小さい画面から顔を上げて、キャンプ場に行き自然に触れて来なさい！　広大な景色や圧倒的な自然に触れることで自分の小ささを実感することができ、**「等身大でいいんだ」**と思えるだろう。
　また、心も体もリラックスできれば「本当はどう生きたかったのか」も見えてくるはずじゃ。ワシの友人の上級者キャンパーは、インドで夕日を見てすごく感動したとよく言っておるぞ。

確かに、たまに海に行って、沈んでいく夕日を見ると、「普段ＳＮＳを見ている間にも、こうやって毎日夕日が沈んでいるんだな」って気付かされて、感動しますよね。

夕日を眺めると、気分を高める脳内物質のセロトニンが分泌されると言われておるんじゃ。**セロトニンが分泌されることで感度が高まり、自然の雄大さをよ**

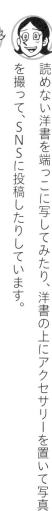

り実感することができるぞ。

そういえば最近、おぬしと同じような悩みを抱えておった者がキャンプに行ってな。テントの外で音がしたので見てみると、すぐそばに熊がいたらしい。息を潜めている間に去って行ったそうだが、生きた心地がしなかったと言っておった。その代わり、ずっと悩みでぼうっとしておった気持ちが、死と隣り合わせになったことで、どうでもよくなったみたいでな。それからは肩の力を抜いて、人の目を気にせず、見栄を捨てて生活できるようになったそうじゃ。……もちろん熊との遭遇をオススメはしてないぞ。

大自然もそうですし、自分の力が及ばない世界を体感することが、悩んでいる時にはプラスに働くこともあるんですね。

そうじゃな。だからキャンプに行くのが一番なんじゃ！

夕陽萌え。

お悩み

考えることが多すぎて、頭を休ませようと何もしないでいると、さらにストレスが溜まってきます。とにかく頭を空っぽにしたい！

キャンプをすれば……動的瞑想で万事解決。頭の中を再起動できる！

頭の中を整理するには瞑想がオススメじゃ。座って目を閉じながら呼吸に集中する瞑想（メディテーション）が一般的だが、おぬしには「動的瞑想」と呼ばれる**アクティブメディテーション**がいいかもしれん。体や視線を動かすことでその**動きに没頭し、心や頭の中がリセット**される瞑想のことじゃ。やればわかるが、とても気持ちが軽くなるぞ！

アクティブメディテーションは、「それなりに規則性はあるけど、予想通りにすべてが動くわけではないもの」と触れるのがよいとされている。「ゆらぎ」のある環境が適しているんじゃな。川のせせらぎや、風で葉がこすれ合う音などが聞こえるキャンプ場で、テント設営や火おこしに没頭する――。初心者だと手順のことで頭がいっぱいになって、瞑想どころでないかもしれんがな。ハッハッハ。

自然の中にいると、それだけで気持ちが開放的になるけれど、せっかくならもっとリフレッシュしたいところじゃよな。木々の香りや風を感じたり、葉ずれの音を聞いたりしながら、**五感に集中して散策をするのも効果的**じゃ。五感から情報を得ることに集中すれば、頭の中の雑念も消えてスッキリする。

ワシとしてはやっぱりキャンプファイヤーで歌うのが一番オススメじゃな。火を囲んで歌ったり踊り続けたりしていると、頭の中がスッカラカーンになるんじゃ。

キャンプをすれば……

同じ環境にいては悪循環。脳がリセットされ不安も晴れる！

お悩み

新しい一日の始まりのはずなのに、「また同じ一日か……」と起きてすぐに絶望を感じてしまいます。

最近ずっと気分が落ち込んでいて……。都会での暮らしに疲れているせいだとは思うんですが、具体的な対策がわからなくて困っています。

キャンプをして、**自然の中で朝を迎えるだけで万事解決**じゃ。普段目が覚めた時と違う環境にいることが結構重要だからな。「はて、いま自分はどこにいる

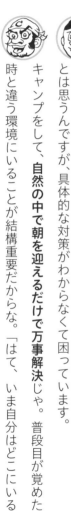

んじゃ？」と、目が覚めた瞬間に自分の居場所を思い出すのに脳が使われる。

それがなんなんですか？

鬱のような状態の時って、目が覚めると「なぜまだ生きているんだろう」って泣きたくなったりしないか？

します！　毎日がループしている感覚というか。やる気が起きず絶望して寝たのに、起きても回復していなくて、絶望したまま一日が始まる感じです。

でも本当は、**寝ている間に脳のワーキングメモリもいったんリセットされているんじゃよ**。しかし慣れた場所で目を覚ますと、眠る前の状態が再インストールされてしまい、また鬱々とした気持ちに戻ってしまうんじゃ。

ところが、いつもと違う場所で目を覚ますと、いまいる場所や自分の安全を確認するために頭を使うから、鬱々とする余裕がなくなり、わりと元気に朝を迎えられる。

生活環境が整ったホテルや旅館よりも、自然に囲まれた環境のキャンプ場のほうがその効果は高いぞ。

でも自然の中には危険な動物がいたりと、何かと不安は多そうです。

我々のメンタルに最もダメージを与え続けるのは「漠然としていて、いつ来るかわからない不安」なんだ。これは日常の中で感じる不安に多いタイプだ。一方で、動物や自然災害など、対象がわかっている不安のほうが、同じ不安でも精神的ダメージは少ない。

事前にわかっているから、具体的な対策が取れる分いいのかな。

対策が取れると、その分自信もつくぞ。人間の心は意外と容量が狭いからな。具体的な不安があると、それだけで容量がいっぱいになり、漠然とした不安が入り込む隙間がなくなる。だからたまにキャンプに行って心を回復させ、日常に戻るといいと思うぞ。

朝キターーッ!
Good Morning

お悩み

親の遺産のことで兄とトラブルになっています。兄弟仲はいいほうだったのに、彼を心から嫌いになってしまいそうです。

キャンプをすれば……

脳は裏切り者を常に探している。頭が休まり監視体制も解ける！

ワシらの脳の中には「裏切り者探索モジュール」というシステムが搭載されておる。**人間は裏切り者に非常に敏感**なのだ。なぜなら敵は敵だとわかっていれば事前に構えておけるけど、裏切り者は最初から敵だとわからない分、敵よりも危険な存在だからだ。

だから我々は無意識に裏切り者を探していて、敏感・鈍感と個人差はあれど、みんなセンサーを常に働かせている。そして裏切り者だと認識したら、その対象を集中して監視するようになっている。だいたい身内で揉めている時は、相手が裏切り者に見えている可能性が高い。そして集中しているとどんどん嫌いになっていく。

そんな集中状態が続いては身も心も疲れてしまうので、キャンプに行こう。**ストレスの渦中にいると、それに脳のすべてが集中してしまう**ため、いったん遠く離れたキャンプ場に行き、仲がよかった頃のことを思い出してみよう。次第に脳内の監視体制も緩くなって、お兄さんの違った一面が見えてきたり、思い出せたりするじゃろう。自然に触れてリラ～ックスじゃよ。

ちなみに、この手のトラブルが絶えないのは、多くの人が遺産を「思いがけない利益」ではなく「確定した利益」だと思っていることが大きな要因。そして厄介なことに「確定した利益」を損失するのは、「思いがけない利益」を損失した時の倍くらい損した気持ちになるんじゃや。なんでこんな詳しいかって？　人生いろいろあるんじゃよ。

キャンプをすれば……行動にルールを作るべし。「やるべきこと」が明確になる！

お悩み
気分の浮き沈みが激しいので、自分自身をコントロールするきっかけをつかみたいと思っているのですが……。

キャンプで治るとまでは言えないが、少なくとも気分の調整はできるはずじゃ。躁状態の時のおぬしは、急にやる気がみなぎったり興味が次々に移ったりするのではないか？　キャンプに行けば「料理を作りたい」「釣りがしたい」などといった「やりたい気持ち」が溢れてくるだろう。気持ちを抑えるのは大変だけど、そこをあえて半分くらいにして、**ひとつひとつの行動に集中**してみよう。ただ「我慢する」と思うと辛いけど、やらないことを決めて「**あえてやらないチャレンジ**」だと思えば、気持ちをコントロールできるようになる可能性がある。

いずれにせよ躁状態が長く続くと、その後で落ち込むパターンが多いので、まずは気持ちを落ち着かせるようにしよう。

気分が落ち込みそうな時は、あらかじめキャンプ場でやることを決めておいて、26ページで紹介した「行動活性化」療法を利用しよう。その際、やることには優先順位をつけてほしい。全部できなくて落ち込んだら悲しいからな……。

そして、**上から何個できたらクリアというルール**にする。それでも大挑戦なくらいじゃ！　ワシとしては最優先にしていたひとつのことを、6割でも達成できたら「やった〜！」って思うぞ。

ただ、重い鬱状態の時は注意力が下がっているので、ひとりでのキャンプは避けて、必ずサポートしてくれる人と行くようにするんじゃぞ。

お悩み

すべてにおいてモチベーション低すぎ問題をどうにかしたい。やるべきことはわかっているのに、なぜか動けずダラダラしてしまいます。

キャンプをすれば……

「やる気の方程式」で動機付け。目標に向かって日々頑張れる！

よし、そんなおぬしには「やる気の方程式」を授けよう。この方程式は、**まずひとつ好きなものを自分の中から見つけ出す**ところから始まる。何をやりたいか、自分の欲求を探るような感じじゃな。さあ、目を閉じて考えてみよう。何に対してもやる気を示さなかったおぬしが、本当に心からやりたいこと……。

はい、キャンプじゃな。

それでだな(超強引)、おぬしはとにかくキャンプに行きたいから、そのために日々を頑張るようになるのじゃ。超大雑把だが、これが「やる気の方程式」だ。

たとえばキャンプの場合は、それなりに健康じゃないと行けないじゃろ？　だから日頃からキャンプのために健康に気を遣う。健脚を目指してなるべく多く歩いたり、食事のメニューを考えたり。これだけで相当モチベーションの高い人間が完成するぞ。お金がないとキャンプに行けないから貯金もしようと考える。もしかしたら仕事を頑張って昇進してしまうかもしれん。ワシの知人の上級者キャンパーにも、いつも重たいリュックを背負って、街中の階段を無意味に上り下りしている者がおる。怪しいからオススメしないが、やる気がすごいな。

こうしているうちに、ただの「キャンプ好き」から、**いつの間にか日々を頑張るモチベーションの高いおぬしが完成**していくだろう。これでキャンプに行けば、達成感が得られてまたモチベーションが上がり、やる気に溢れた日々が送れるぞ。

キャンプをすれば……
脱日常で頭のパターン化を阻止。固定観念が壊れて日常が楽になる！

お悩み

何かととらわれがちな固定観念や思い込み。旅行中はそれらから解放されて自由な気分になるのに、家に帰ると元通りでいつも残念です。

その開放的で自由な気分、ただの旅行ではなくキャンプなら、日常に戻っても維持することができるかもしれんぞ。というのも、自然の中で過ごす大きなメリットのひとつに**「固定観念を壊してもらえる」**ことがあるからじゃ。

なんとなく気がついているかもしれないが、日常生活を送っていると、心や頭の使い方がいつの間にかパターン化されてしまうのだ。自宅とはまったく違うキャンプ場で過ごすことによって、普段と違う動きをする必要が発生し、固定された考えが壊れてくれる。骨折して治った骨が、以前より太く強くなっているように、心や思考も、破壊と再生によって強くなる一面があるんじゃや。

それから、日常とは違う環境に身を置くと「周りの環境を学ばなければ生き残れない！」という**生存本能が働く**ので、それがまた頭の中の固定観念を破壊してくれるようになっている。固定観念の破壊は、同時に生きる気力を活性化させる効果もあるので、やる気が出れば、日常に戻ってからも、生まれ変わった柔軟な頭でラクに過ごせるかもしれん。

ところで、「日常とは違う環境で過ごすだけなら、ホテルや旅館でもいいのでは？」と思うかもしれんが、**不便な環境で過ごすキャンプだからこそ、非日常感があって効果が高い**んじゃや。旅館やホテルでもリラックスできるが、さすがに固定観念まで壊す変化は期待できないじゃろう。

キャンプをすれば……
寂しくなるのは仕方なし。ひとり時間の貴重さを実感できる！

お悩み

ひとりになりたくて実家を出たいのに、大変恥ずかしながら「寂しくなったら……」と不安です。乗り越える方法が知りたいです。

なんじゃ、おぬしは。可愛らしい少女か。まずはキャンプで予行練習だ！いまどきは、電波が圏外のキャンプ場でもなければ、ケータイもつながるしな。でも、せっかくひとりになるために行くのなら、最後まで誰とも連絡を取らずに過ごしたいところじゃな。

おぬしのように想像しただけで不安になってしまうタイプは、何か解決できそうな手段が先にないと、問題を乗り越えられない人が多い。もし「まずはやってみよう」と言われて、「不安だけどなんとかなりそう」と少しでも思えたら、それはやってみたほうがいい。案外寂しくならずに過ごせるかもしれないぞ。

やはり不安に対する手立てがないとキャンプに行けないと感じたら、**「今日はひとりを楽しむ日」と決めて、自己暗示をかけて**しまおう。寂しくなってしまっても、時間を確認して「あと○時間しかひとりでいられない！」と、ひとりで過ごせる時間の貴重さを実感する方向に考え方を変えてみるとよいぞ。

そもそもひとりで過ごすのが怖いのは、一定時間以上リアクションをしてくれる人がいないと、気持ちが不安定になるという人間の習性のせいなんじゃよ。

ソロキャンプでコツコツやるべきことをこなしていたら、気がつけば夕暮れ、そして夜じゃ。寂しいもなにも、そこで一夜を過ごすしかない。ソロキャンプはひとり暮らしの予行練習。案ずるより産むが易し、じゃな。

Camp column 1

初心者キャンパーが ソロ×6日間で得たものとは

ウェブメディアで、自然が持つ効能などについての情報を発信しているNPO法人スタッフのKさん。仕事を始めた当初、自然に関する知識はあるもののキャンプの経験がなかったため、思い切ってソロキャンプに挑戦した時の話だ。

初めてのキャンプにもかかわらずKさんは、「現地で試行錯誤しながら行動したい」と、あえて事前の情報収集をしなかった。通常なら不安になりそうだが、「やりたいことを明確にしていたので、不安どころかむしろ楽しみだった」と話す。

「森の中を散策する」「飽きるまで焚き火を楽しむ」など、「やりたいこと」すべてを実現するべく、初心者であるにもかかわらず5泊6日のキャンプを決行。テントの設営には苦労したが、「行けば意外となんとかなる」そうで、自分で張ったテントで眠れただけでも高い満足感を得られたそう。

5泊のソロキャンプを完遂し、事前のプランもすべて実行できたことで大きな充実感を得られたKさんだが、最大の収穫は、日常生活の中で徐々に失われていた「自信」を取り戻せたことだったとか。

第2章
癒やし・セラピー編

35歳会社員
トオルさんの場合——
これ やって
あ、アレも
あれ やって
あ、アレも。
イラ イラ イラ
社会人13年目
日々仕事に忙殺され
常に余裕がなくイライラ
会議中には
ついウトウト
ぱっき ーん!
しかし夜になると
目が冴えて全然眠れず
休みの日もつい
仕事のことを考えたり
あと アレも。
あ アレ も。
うう
毎日
辛い!!
そんな時、友人から——
レッツ ゴー キャンプ♪
きゃんぷ?
まぁいいけど

昔から、虫とか自然が
苦手だったのですが
ブブ
ブブ
ブブ
ブブ
♪
FRIEND
テント設営
あちち
料理の下ごしらえ
あわわわ
調理
あわわわわわわ
キャンプって
やることと
多いな……
へろっへろ。
せっかく
休みにきたのに
全然ゆっくりできない
でも！
きゅぴーーん！
ほどよい疲労がなんだか心地いい！

昼――
鳥のさえずりを聞きながら散策
風が気持ちいいな～
夜――
まったり。
流れ星なんか数えたり
21時には早くも熟睡
ZZZZ
おはよう世界！朝って最高～

帰宅後の生活は一変
夜は22時に寝て、朝は7時に自然と起床
イライラはどこへやら
仕事がモーレツにはかどり昇給も！
休日はゆっくり休むメリハリのある生活に
うおぉお
気持ちの余裕からか
社内の女子にもしょっちゅう声をかけられるように
きゅん
あんなに悩み、辛かった日々が嘘のようです
つしゃ〜!!

お悩み

何をするにも「映え」を気にしてしまい、気疲れが半端ないです。心の底から日々の生活を楽しめていない気がしています。

キャンプをすれば……

「やらないを決める」ことが大事。スマホ完全オフで自由の身に！

まずは、その片時も手離さないスマートフォンを置きなさい。話はそれからじゃ。近頃は、人がうらやむような「おしゃれな日常」を写真に撮ってSNSで発信する者が多いそうだな。小洒落たカフェに行ったり、おいしそうな料理を準備したりして、それらをきれいに撮ろうと苦労しているようだが、はたして本当にそれが楽しいのか？ 楽しいならよし。

でも、そこに気疲れを感じているおぬしにはキャンプがオススメじゃ。キャンプの魅力は、「なんでも自分のペースでやっていい」ところにある。どこにテントを張って、何を食べて、いつ眠るのか。マナーさえ守れば、基本的には自由だ。自然の中で自由に過ごすことで「人にどう見られるか」なんて、どうでもよくなってくる。もちろんスマホはオフだぞ。

気楽にキャンプを楽しむコツは、事前に「目的」を決めておくことだな。「何をしたいか」と同じくらい**「何をやらないか」をはっきり決めること**。料理をするのが苦手なら、無理に頑張って作る必要はないぞ。なんなら、お湯を沸かしてカップ麺だけだっていいんじゃや。

「やらないこと」を明確にしておくだけで、断然気楽に、そして気疲れもしなくなるじゃろう。何かと疲れの多い現代社会だ。さぁ、キャンプ場に行って、本来の自分を取り戻すんじゃや！

お悩み

仕事で疲れているはずなのに、夜なかなか眠れません。やっと眠れても何度も目が覚めてしまい、翌朝も疲れが残っています。

キャンプをすれば……

日中しっかりと体を動かそう。適度な疲れで夜はぐっすり!

一日中座りっぱなしのパソコン仕事で頭は疲れ切っているのに、夜になってもなんだかよく眠れない。わかる、わかるぞ。こう見えてワシにもそのような時代があった(遠い目)。

人間は日中に外へ出て適度に体を動かすと、夜は自然と眠くなるようになっている。体を動かしたことによる疲労はもちろん、日光をしっかりと浴びるだけでも意外と体力を使うからじゃ。

キャンプに行けば、日中は否が応でも体を動かさざるをえない。生活環境が整っている自宅と違って、テントを張って寝床を作ったり、雨や強風の対策をしたり、最低限安全に過ごすためだけでも、しなくてはいけないことが山ほど待っている。

これらの作業は日が暮れてからだと困難になるので、明るいうちに済ませるのが鉄則。その後は、日光を浴びながら自然の中でウォーキングするなど、思う存分体を動かそう。

夜はさらにリラックスして過ごすとよいじゃろう。焚き火をひたすら見つめたり、満天の星を眺めたりしてゆっくりするのもいいかもしれんな。

そうして一日を終える頃には自然と眠くなり、ぐっすりと深い睡眠をとることができるだろう。体を動かしたことによる疲労感と穏やかな気分が、翌朝の気持ちいい目覚めまでもたらしてくれるのじゃ。

お悩み

都会での暮らしは快適で楽しいのに、時折ふと涙が出てきます。そういう時は、漠然としたネガティブなことばかり考えてしまいます。

キャンプをすれば……反芻思考からの脱却が必要。曲線の風景が緊張を和らげる！

都会での生活は確かに快適だろう。交通の便もいいし、欲しいものもすぐ手に入りやすい。

しかし、たとえば欲しかった大型テレビを手に入れても、最初はワクワクしながら観ていたのに、一年も経つとそれが当たり前になってうれしさを忘れてしまう。それは人間に、「適応能力」が備わっているからなんじゃ。そして人間は安全な環境に慣れて適応すると、余計なことばかり考えるようになるのじゃ！ さらに同じ悩みについて繰り返し考える「反芻思考」にも陥りやすい。愚かじゃ〜。

確かに大型テレビで愉快な映画を観ながら、ストーリーそっちのけで悩んでいたりしますね……。

そうなった時は自然に抱かれに行こう。鳥が飛んでいたり、葉が落ちてきたり。**偶発的な事象に気を取られることで、悩みを忘れる時間が生まれる**ぞ。

確かによさそうですが、僕はそんな環境で過ごしたことがないので怖いです。

街から離れて自然に入ることを怖いと感じるか？ でもワシらの脳には癒やしの効果があるんじゃよ。

……どういうことですか？

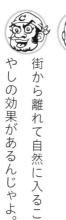

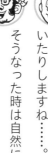

その理由は「**曲線**」にあるんじゃ。花や木、川や海を思い浮かべてほしい。**自然界ではあらゆるものが曲線を帯びている**だろう。一見まっすぐな針葉樹でさえも直線ではない。近づいて見ると、木の表面も凹凸していて面白いぞ。一方で街は、「直線」でできた人工物に囲まれとるじゃろ。

人間が都市生活を送るようになったのはここ250年程度の話だ。人類誕生以来の歴史全体から考えればまだまだ短い。長いこと自然とともに生きてきたわけなんだから、**都市生活はある種の緊張状態**であると言えるじゃろう。自然の中に入ることに、不便や危険を感じるかもしれんが、実は緊張から解放される時間になっているんじゃぞ。

なるほど！　僕は都会にいることで気が張っていたんですね！

壮大な話になってしまったが、自然に癒やされる理屈がわかればもう怖くなかろう。次の休みにはさっそくキャンプに行って、その効果を確かめてこい！

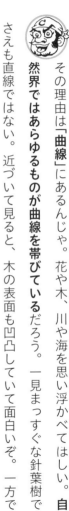

キャンプをすれば……

太陽に合わせた生活を。テント生活で体内時計が整う！

お悩み

日中はずっと眠いのに、夜になった途端に目が冴えます。不規則な生活リズムを改善したいです。

なんだか「生活リズムのほうが勝手に乱れた」みたいな言い方をしておるが、寝る前にスマホをいじり続けたり、明るくなっても遮光カーテンを引いて寝続けたりしておらんか？

人間は本来、日中に脳と体の動きが活発になり、夜になれば自然と眠くなる「**体内**

時計」の機能が備わっている。それを整えてくれるのがテントでの生活じゃ。

テントといっても、要は布一枚の中で生活するわけだから、朝は自然と明るくなり、夜は暗くなる。コントロールできない太陽の動きに合わせて活動するので、**乱れた体内時計を調節する絶好の機会**になるぞ。それにテントで寝ることには、生き物としてのさまざまな緊張感もともなう。暑かったり寒かったりして目が覚めることもあれば、何か動物が襲ってこないかという「生存本能」を刺激されることもあるじゃろう。実はその**精神的な緊張が生活のメリハリにつながって**、生き物本来のリズムを取り戻すきっかけにもなっているんじゃよ。

昔、寝起きの悪い弟子をソロキャンプに挑戦させたことがある。彼女は初日に腕時計を失くしてしまってな。もともとスマホは見ないと決めていたため、時間を知る頼りは太陽のみに。そこで、太陽とともに活動をしていたら、二日目の朝は日の出とともに目が覚め、夜は日暮れとともに自然と眠くなったそうだ。人間の体内時計はなかなかすごいので、**キャンプで本来の能力を呼び覚ます**んじゃ。

キャンプをすれば……

自律神経の安定が一番の薬。「フィトンチッド」が効果発揮

お悩み

年齢を重ねるごとに、化粧品の添加物が気になるようになってきました。不健康な生活による肌荒れも目立つし……。

日差しを避けて、**雨の日に森へ入ってみる**といいかもしれん。雨の日の霧がかった森の中や滝の近くでは、適度な湿度が肌に潤いを与えてくれて、フェイススチーマーのような役割を果たしてくれるだろう。まるで自然の美顔器じゃな。

最近は無添加化粧品や、自然環境に配慮した製品の開発に力を入れておるコスメブ

ランドも多いからな。自然由来の原材料を使用して、CO2排出量を削減するために過剰包装を控えて……えっ、なんでそんなに詳しいのかって？　ワシにもそういうことを気にする一面があるのじゃよ……。

ところで、木から出る**「フィトンチッド」**を知っているか？　これは「森林の香り」のことで、一般的にリフレッシュ効果をもたらしてくれるとされておる。

本来は植物が傷ついた時に虫などを寄せつけないよう、植物が自分を守るために発生させる成分でもあるのだが、これが人間にとっては癒やしをもたらすなんて不思議じゃなぁ。ストレス緩和の効果もあるので、草刈りや森林浴をしていると自律神経や精神が安定するのもフィトンチッドのおかげじゃ。

お肌のトラブルにつながりやすいストレスの軽減も期待できるだろう。

ただし、お天気がいい日のキャンプは、紫外線の影響を大きく受けるから要注意。帽子や日焼け止めできちんと対策するんだぞ。この時に添加物過剰な日焼け止めを使わんようにな！　意味なくなるからなー（大きい声）。

キャンプをすれば……
人間関係への意識を解放せよ。「一定かつ不規則」に救われる

お悩み

仕事のイライラ、人間関係の悩み、達成感のなさ……。日常のあらゆることが小さな悩みの種で、常にモヤモヤしています。

日常生活を送っていると、それだけでいろんなことに心が振り回されるよな。自分のことは二の次で、他人のことばかりが気になる場面も多いだろう。

はいっ、それ全部キャンプで解決！

まずイライラしたり、考え込んでしまう時は、海の見える場所でキャンプをしてみてはどうじゃ。人間は、波が寄せては返すような、**一定に見えて不規則な動きが混ざっている光景を眺めると安心して気持ちが落ち着く。**同じ悩みばかり繰り返し考えてしまう時も、海を眺めているうちに、悩みも波にさらわれているはずじゃ。

次に失恋や喧嘩など、人間関係で悩んでいる場合は、ファミリー層のいない落ち着いたキャンプ場を選ぶといいだろう。そこでひとりになってみよう。ひとりでテントを組み立てて、ひと晩過ごせただけでも、想像以上の達成感が得られるぞ。何より、**ひとりの時間を持つ**ことがとても大事なんじゃよ。

今はスマホやSNSがあるから、ひとりでいる時も誰かとつながっているような感じがする。逆を言えば、どんな時も人間関係のしがらみから逃れられない。

キャンプ場といった非日常的な環境に身を置いて、自分自身と向き合う時間を持つと、「風が気持ちいいな」「今日は晴れてよかったな」など、普段なら思いもしないような自分だけのささやかな喜びに触れることができる。その時には、日常生活のモヤモヤが、いつでも離れられるものであることに気付けるじゃろう。

お悩み

気分が落ち込んでいて、何にも心が動かず、興味も湧きません。長い間続いている、鬱のような状態から脱したいです。

キャンプをすれば……土の効果でやる気がみなぎる！

「セロトニン」増が必須。

長らくコンクリートに囲まれた生活ですっかり忘れとるかもしれんが、この世には「土」というものが存在しておる。土をいじっていると、なんとなく楽しく、妙に落ち着いた気分になるが、あれはただの気のせいではないぞ。実は土の中にはさまざまなバクテリアが存在していて、その一種が、**セロトニンを増やす**働きを

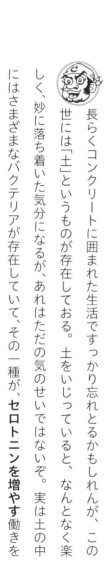

することが近年の研究でわかっているのじゃ。セロトニンとは、**人にやる気を起こさせたり、同時に不安な気持ちを抑制してくれる脳内神経伝達物質**のひとつで、鬱状態の人々にとって重要な存在である。そんな**セロトニンを増やすバクテリアが土の中にいる**なんて、自然はほんっとにすごいなぁ！

いまはやる気が起きないかもしれないが、そう聞くと少し触りたくなってきただろ？　自然豊かなキャンプ場に行けば、土は触り放題じゃ。童心に帰ってひたすら泥団子を作るもよし。また、野菜の収穫や田植え体験などができるキャンプ場も多いので、調べてみるとよい。

まぁ難しいことは抜きにしても、土に触れるのは単純に楽しいぞ。いつもつい触りっぱなしになってしまうスマホやパソコンといったデジタル機器や、頭の中をぐるぐる回って離れない不安や悩みからも解放されて、気持ちが軽くなってくる。

久しぶりに全身を動かして土に触れることで、心地よい疲労感とともに、いつの間にか気分が晴れているのを実感できるじゃろう。

キャンプをすれば……

お悩み

彼氏いない歴5年に加え生活もバタバタと忙しく、潤いが足りていません。パサパサに乾いてしまった心に潤いをください。

心に効く「1／fゆらぎ」を。焚き火が心を癒やしてくれる！

とにかく焚き火はすごい。難しい理屈を全部すっ飛ばすと「人間は焚き火を見ているだけで癒やされる」。それだけ覚えておくがよい。リラックス効果の理由を詳しく知りたければ、いまからきちんと説明してあげよう。

焚き火は**「1／fゆらぎ」と呼ばれる特別なリズムを発している**と言われる。炎の不規則な揺れや、薪がパチパチと爆ぜる音がそれにあたる。つまり、一定のようで変則的なリズムのことで、自然の音や光から発生しやすいようじゃ。

この「1／fゆらぎ」は人の呼吸や心拍にも含まれているとされていて、揺らぎを感じていると、**脳から「アルファ波」が発生する**ことが科学的に証明されているんじゃ。アルファ波とは、目を開けている時や興奮時よりも、目を閉じている時や安静時に多く検出される脳波のことで、リラックス時に出現すると言われておる。

夏の暑いキャンプでも焚き火を楽しみにしている人が多かったり、実際にその音を聞いて炎を見つめていると、「落ち着く」「安心する」といった感覚が生まれたりするのもこれらの理由によるものじゃ。

焚き火は法律や条例で禁止されている場所も多いので、必ず焚き火ＯＫなキャンプ場に出向くべし。自然の中でパチパチと燃える炎を眺めるひとときは、何にも代え難い時間となるはずじゃ。ちなみに最近は、会社のデスクで焚き火の動画を流しながら仕事をする者もいるそうだな。それもいいが、せっかくならキャンプにゴーじゃ！

お悩み

予定のない日はどう過ごしたらいいかわからず、家事に没頭して結局疲れてしまいます。「休み下手」を克服したいです。

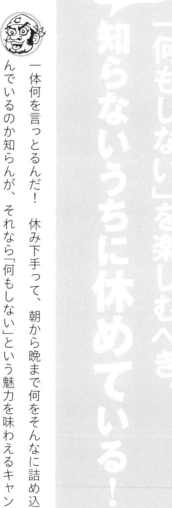

キャンプをすれば……

「何もしない」を楽しむべき。知らないうちに休めている！

一体何を言っとるんだ！　休み下手って、朝から晩まで何をそんなに詰め込んでいるのか知らんが、それなら「何もしない」という魅力を味わえるキャンプにいますぐ行ってほしい。

初めてだとしても大丈夫じゃ。キャンプ場に行けば、必要に駆られて誰でもそれ

なりにできてしまうものだからな。**まずは「キャンプに行く」と決めてしまう**ことが大事じゃな。逆に言うと、それだけでいい。

ちょっとハードルが高いかもしれんが、オススメは三泊以上。気心知れた友人を誘って、思い切って行ってみるといい。とにかく**「何もしない日」を作れるスケジュール**を強くオススメする。だいたい一泊二日で帰る人々の気が知れぬ。初日でやっと準備を終えたのに、なぜ翌日にもう片付けないといけないのか……。設営と撤収がない「中日」に、ようやく何もしないで過ごせるんじゃ。ゆっくりコーヒーを淹れたり、芝生に寝転がって流れ星を数えたり。**「何もしない」という楽しみを味わえる**ことこそが、キャンプの醍醐味じゃぞ。

また、初心者には危ないので絶対にオススメできないが、キャンプに慣れた上級者なら、スマホの電波が入らない圏外で、ソロキャンプをしてもいいかもしれない。ワシも圏外のところに行かないと、時々、一日中インターネットを見て終わる日もあるんじゃ(小声)。

お悩み

子どものイヤイヤ、面倒くさいママ友、何かと細かすぎる義母。耳に入ってくるすべての音がストレスで、心の疲労度マックスです。

キャンプをすれば……
優しい刺激が脳を癒やす。自然の音が脳を回復させる！

お母さん頑張っとるな。さぁ、くさくさしていないで、自然の風景を思い出そうじゃないか。小鳥のさえずり、小川のせせらぎ、風で葉がこすれ合う音……。キャンプ場には、こうした優しい音が溢れている。普段、耳に入ってきている音とずいぶん違うじゃろう？

これらの音に対して人は、何の気なしに向ける注意である「非自発的注意」を払っている状態になる。そうすることで、**「意識的に注意を払っていた状態」、言うなれば普段使っている脳を休ませることができる**んじゃ。音だけでなく、風にそよぐ葉や、流れていく雲、太陽が昇りまた沈む様子などもそうじゃ。ワシらの視覚は、意識しないうちにそれらに注意をひかれる。だから、キャンプ場に行き、自然の中に身を置くことがおぬしのストレスには有効なんじゃな。

たとえば室内で仕事に行き詰まった時に気分転換で窓を開けたり、外へ出たりしたくなるのも、とても理にかなっているのだぞ。自然豊かな公園を散歩するだけでも効果はあるが、キャンプに行って大自然の中に入ることこそベストじゃ。

ショッピングセンターのような強い刺激に満ちた場所でのストレス発散法もあるが、**森の中の優しい刺激のほうが脳は深く癒やされる**。切り株なんかに腰かけてみて、何を見るとも聞くともなしに、ぼうっとしてみよう。それだけでいいんじゃ。

お悩み

上司からの評価も気になるし、友人や家族からも認められたい。承認欲求が強過ぎて、日々「生きづらさ」を感じています。

キャンプをすれば……自然の中で五感を研ぎ澄ませ。欲求の矛先が変わる！

おぬしが悩んでいる「承認欲求」は、「マズローの欲求5段階説」に含まれておるやつじゃな。難しい説明は省くが、人間のあらゆる欲求を5段階に分けたうちの、上からふたつ目に属する**非常に高度な欲求**じゃ。

この欲求は、さらにその下にある欲求が満たされている状態にならないと湧き上がらないとされているんじゃ。5段階の下から順番に「生理的欲求」「安全の欲求」「社会的欲求」「承認欲求」「自己実現の欲求」と続くんじゃが、キャンプに行くと、一番下の「生理的欲求」からして満たされるかどうか危うい。「承認欲求が〜」とか「生きづらさが〜」といった悩みが、「トイレはあるんですか」「寝床はあるんですか」「食料は……」に変わる。

寝床が用意できても、熊に襲われるかもしれないし、次は「安全の欲求」が全然満たされない。**承認欲求なんて高尚な欲求にまでたどり着けない**ため、これでおぬしの悩みは自然と手離すことができるだろう。

でもキャンプから帰ったら、悩みも元通りじゃないですか?

それを解決するために、認知行動療法を取り入れた「森林セラピー®」を開催している者たちがおる。

生きづらさを抱えている人は五感が鈍っている場合も多く、すぐ近くで流れる小川の音が聞こえないこともあるそうじゃ。

そんなに鈍ってしまうものなんですね。

それもこれも現代社会の人々が**視覚情報に頼り過ぎていて、五感を使って過ごせていない**せいだ。そこで森林セラピー®には、「森林セラピーガイド」や「森林セラピスト」に案内されながら、五感を研ぎ澄まして森を歩くプログラムなども用意されておる。プログラムを通して心をリラックスさせていくんじゃな。

でも、それも森から帰ったら元通りじゃないですか？

森林セラピー®では、香り高いクロモジの枝を持ち帰ってもらうことがあるそうじゃ。嗅覚は本来、場所や感情の記憶と強く結びついているからな。五感が研ぎ澄まされた後の状態なら、その枝を嗅ぐだけでリラックスした感情を思い出すことができるはずじゃ。

すぅ〜

Camp column 2

キャンプ・イン・キャンプで効果も倍に！

子どもの成長にプラスの作用をもたらすキャンプだが、外遊びの複合的な要素を取り入れて、1～3週間ほどかけて行う「サマーキャンプ」であれば、より大きな効果を見込むことができる。なかでも、ベースキャンプ場からさらに別の場所に数日間かけてキャンプに出かけるというプログラム「キャンプ・イン・キャンプ」に注目したい。

キャンプ・イン・キャンプでは、キャンプリーダーとなる大人が必ず同行するが、「どのルートで次のキャンプ地に向かうのか」「たどり着いた先で何をするのか」といった細かなプランや時間配分は、子どもたちの裁量に委ねられる。

時には子ども同士の衝突もあるが、最後までやり遂げるためにどうすればいいのかを考えられる、充分な時間が用意されている点が魅力。

最初は慣れない環境に緊張していた子どもも、ベースキャンプ場に戻ってくる頃には、精神的なたくましさを身につけ、多くの親がその変化に目を丸くするという。

第3章

恋愛・仕事編

32歳会社員 ヒロシさん
30歳ショップ店員 ユミさんの場合——
私たち、付き合って もう5年だね
あ、そうだね
私も30に なっちゃったし そろそろ……
ん? なにが?
もう! バカ!
キー!!

勝手にすれば
はっ?
!
そうだ、
今週末キャンプ
行かない?
週末――
……
いやー
やっぱ緑が
まぶしいね〜
テント設営も
よし
完成!
すごーい
川を渡る時も
足元
気をつけて
きゃ!
うん
虫除けも
くらえ虫!!
アリガト!
暗闇でも
何かいる
かも……
大丈夫

スヤ…
翌朝――
また
キャンプに
行きたいね
うふ。
来週も
行こう！
そして次のキャンプでは――
肉焼け
たよー
盛り付けも
バッチリ！
お互いの得意不得意を
補い合って
キャンプの
楽しさ倍増
彩り
いいねー
味付けも
焼き加減も
最高だね!!
後片付けも
一緒だと
あっという間に
終了!!

一緒に住んだら楽しそう
やっぱり運命の人？
きゅぴーん
そして何度目かのキャンプにて
テントの中にプレゼントがあるよ
えっ何だろう？
あ、あった
どん！
CAMP
LOVE
祝！結婚!!

キャンプをすれば……
自然に身を置き感動の体験を。希望力がグングン高まる！

お悩み

仕事で致命的な大失敗をやらかしてしまいガックリ……。「明日があるさ」と言われても、信じられない気分です。

誰しも大失敗をすると「もうダメだ」「自分なんて……」と落ち込んでしまい、何も手につかないし、考えられないという状態に陥るよな。しかし、そんな時こそキャンプに出かけるんじゃ！

というのも、キャンプには、失敗による落ち込みから立ち直るための「希望力」を高める効果が溢れているからじゃ。希望力とは格好つけた言い方をすると「現実的な楽観性」。つまり現実を受け止め、次につなげるポジティブ思考を指すんだな。どんなに落ち込んでも「きっとよくなる」と思えれば、希望が生まれ、前に進めるものだ。

そして、この希望力は「ピークエクスペリエンス（至高の感動体験）」によって高まることがわかっている。たとえば、名作映画や白熱するスポーツの試合を見て感動すると、心の内からエネルギーが湧いてきてポジティブな感覚が生まれるじゃろ？

実は、**自然に身を置くこと自体が、ピークエクスペリエンス**と言える。森林浴をしたり、日の出を見たり、満天の星を眺めたりすると、感動の時間が生まれる。また、**お互いに「必要とし、必要とされている」という信頼関係を実感する**こともそう。だから、助け合う場面がたくさんあるキャンプは、もってこいというわけだ。

気の合う仲間とキャンプに出かけて助け合い、うまいものを食べ、感動的な瞬間を共に体験する。そうすればみるみる希望力が高まり、明日への活力がみなぎってくるはずじゃ！

キャンプをすれば……

得意なことをさらに磨こう。自己アピール上手になる！

お悩み

昔から「凡人キャラ」で目立たない自分。名前も顔もなかなか人に覚えてもらえません。初めて会う人にも強い印象を残したい！

確かにどこにでもいるよなぁ、フツーすぎて可もなく不可もなく、埋もれてしまって、まったく印象に残らないってタイプ。ワシなんか黙っていてもキャラが立つ立つ……。それで損することもあるけどな。ハッハッハ！

仕事関係の人にもなかなか顔を覚えてもらえなくて、前に会ったことがある人からまた名刺を出されたりして、困っています。

まずは**中身を磨く**ことじゃな。キャンプはいわゆるサバイバル能力や生活力を高めてくれる絶好の場なので、ぜひ参加するといいぞ。テント張りから撤収まで、いろんなシチュエーションで作業をこなせるようになると、「自分もやればできるんだ」という「自己効力感」が得られる。

どんな状況でも必要な行動を上手くやり遂げられるようになり、自分にその能力があるとわかれば、自信が持てる。そうすれば、**自然と自信が態度にも表れ、堂々としてくる**ので、相手に与える印象もかなり変わってくるんじゃないかな。

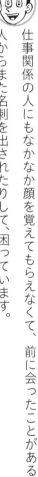

なるほど。「凡人キャラ」からも抜けられますか？

何かひとつ、得意なことを身につけるんじゃや。たとえば「掃除や片付けがめちゃや速い」とか「料理を作るのが得意」とか。その技を磨いてどんどん、アピールしよう。そうすれば、その道のスペシャリストとして覚えてもらえるし、声をかけてもらえる機会が増えるからな。

確かに料理は得意だけど……。口下手だから、上手くアピールできるかなぁ。

自然に囲まれたキャンプ場ならリラックスして話せるから大丈夫じゃ。それに自己紹介の時は、印象に残るような工夫をしよう。

実は、**自分を「名詞」で表すと魅力が伝わりやすい**という法則がある。たとえば、「子どもの頃、サッカーをやっていました」と言うよりも、「僕、サッカー少年だったんです」と言うほうが、なんだか魅力的に聞こえないか？　同じことを言っているんだけどな。

だから、**「料理が得意な週末キャンパーです！」**と言えば、相手に印象を残しやすいじゃろう。まずは中身を磨き、得意な分野のスペシャリストになってキャンプでアピールじゃ！

僕、週末キャンパーなんです!
週末キャンパーなのか。

お悩み

最近、彼女の様子がちょっとよそよそしいんです。とくに原因に心当たりがなく、どうすればいいのか途方に暮れています。

キャンプをすれば……

外に出て互いの心を解放せよ。「ありがとう」が増え絆が深まる！

「相手が何を考えているかわからない」などの場合は、思い切って理由を直接聞いてみるのが一番。自然に触れると心が解放されて素直になり、お互いにコミュニケーションを取りやすくなるし、**まずはキャンプに誘ってみたらどうじや？** 自分でも気付かなかった原因がわかるかもしれんぞ。

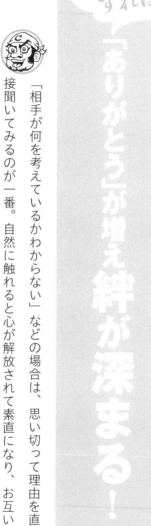

それに、キャンプの現場では、たとえば水を汲んできてもらったり、テントを張るのに手を借りたりと、ふとした「小さな親切」があちこちで生まれやすい。そして、それに対して「ありがとう」を言う場面が数限りなく出てくる。

実は、こうしたやり取りには、**親切をしたほうもされたほうも、ほっこりと心が温まるというプラスの効果**がある。学校などの野外体験学習で、一気に集団の絆が深まると言われるのも、その成果じゃ。ふたりの絆を確かめるには、もってこいじゃろう？

また、広いところで星空を眺めると人は、自分が地球、いや宇宙の中でいかにちっぽけな存在であるかということを、まざまざと実感する。その結果、他人に対しても寛容になることができる。たとえ気になることがあったとしても、「そんなちっぽけなことにこだわらなくてもいいか……」と思い直し、わだかまりが解消されやすくなるんじゃ。そんなこんなで、気まずくなった関係性を再構築したいなら、キャンプというシチュエーションは最強なんじゃ！

お悩み

学生時代から「協調性がない」とよく言われます。どうしたら周りの人たちと上手くやっていけるんでしょうか?

キャンプをすれば……

人の役に立つことから始めよう。

利他的行動が自然と身につく!

「協調性がない」と言われてしまう残念な人に共通しているのは、まず「言葉」が足りないこと。「言わなくてもわかるはず」とか「これくらいのこと、やって当たり前だろう」と思うかもしれないが、周りの人と上手くやっていきたいのなら、まずは「お疲れさま」や「おかげで助かったよ」など、**ねぎらいや感謝の気持ちを口**

に出して伝えることが第一歩。実際に言葉にして伝えるのと伝えないのとでは、相手の受け止め方や反応に大きな差が出てくるのじゃ。

キャンプでは食事作りにテント張りなど、さまざまな作業を手分けして行い、助け合うシチュエーションがたくさんある。最初は慣れないかもしれないが、感じたことはその都度ちゃんと口に出して、コミュニケーションを取ることが大事なんじゃ。

もうひとつ足りないのは「利他的行動」。つまり人のために何かすること。時々、キャンプ場でひとりだけポツンと離れて行動したり、本を読んだりしている者がおるが、それではソロキャンプと変わらんし、周りからも敬遠される。

やはり**「人が助かる」ことを見つけて実践**したい。料理が出来上がる頃にサッとお皿を出すとか、手が足りないところに行ってさりげなくフォローするとか。いま足りていないことや、できることを率先して見つけるのじゃ。もし見つからなければ、「私、いま何をやったらいい？」と聞いてしまってOK。聞くことは恥ずかしいことではない。キャンプで慣れたら、次は日常生活に応用すべし！

キャンプをすれば……
「親近感」がキーワード。共通点を通して仲間を作りやすい！

お悩み
大人になってからなかなか出会いの機会がなく、友人や恋人の作り方を忘れてしまいました。このままだとずっとひとりぼっちかも……。

毎日会社と自宅との往復で、「出会いの場がない」と嘆く者が多いな。ましてやコロナ禍でリモートワークが広がり、「ますますチャンスがなくなった」という声もよく聞く。そんな状況下でもなんとかして友人や恋人を作りたいのなら、出会いの場を待っていないで自分で作ること。おぬしがほんのちょっとでもアウト

ドアに興味があるなら、自ら**グループキャンプを企画**してみるのはどうじゃ？ キャンプは仲間内だけでももちろん楽しいが、友人が連れて来た知らない人と出会い、仲よくなれる絶好の場となるじゃろう。

そもそも人間は基本的に自分にしか関心がない生き物だが、趣味や志向に共通点や類似点があると親近感を抱き、無意識にでも影響されて関係を構築しやすい。初対面でも、キャンプを共にしただけで急激に仲よくなるというのはよくある話。多少なりともキャンプに興味があるという共通点があるので、相互理解しやすく、関係が発展しやすいからじゃ。**自然の中で心も体もリラックスした状態だと、肩ひじ張らずに接することができるので、素も見えやすい。**さらに、同じ目的に向かって共同作業をするうちに、共感が生まれやすいのもポイントだ。

ただ、ひと口にキャンプと言っても、本格的なアウトドアとグランピングとでは、集まる人のテイストも違う。普段から自分と似た志向の人とつながれるようにアンテナを張っておき、そのネットワークを活用して絞り込めば効率がいいぞ！

お悩み

好きな人がいます。でも、なかなか自分からは告白できないので、どうにかして振り向かせる方法を探しています。

キャンプをすれば……

相手が心細い時にそっと助け船を。吊り橋効果でフォーリンラブ！

いまどき好きな人がいるのに言い出せないとは、なんとウブな……。ワシにもそんな時代があったなぁ、はるか昔に。しかし、モジモジしても時間の無駄！　とりあえずキャンプに誘いなさい。

「吊り橋効果」という言葉は聞いたことがあるかな？　ゆらゆら揺れる吊り橋を渡

ると、不安や恐怖でたいてい心臓がドキドキするが、それが恋愛をしている時に感じるドキドキと似ていることから、疑似的に恋愛感情が生まれやすいという心理現象のことじゃ。

キャンプはまさにサバイバルの場であり、滑りやすい水辺や山道、暗闇、女性が苦手な生き物がいたりと、**ドキドキしてしまうシチュエーションが満載**だ。そんな中、意中の相手が危ないところに出くわしたり、**心細くなったりした時に、いつの間にかそばにいて**、そっと助け船を出したり、気遣ってくれたりしたら、「なんて頼もしい人！」と、おぬしの株はグーンと急上昇！「吊り橋効果」と「胸キュン効果」で、恋愛感情が芽生えること間違いなしじゃ。

ただし、わざと危険なところに誘導するのはもちろんダメじゃ。ちゃんと相手の動きを観察しながら、必要な時にそばにいて臨機応変に行動するんじゃぞ。肝心な時に近くにいなくて、別の誰かにドキドキされてしまっては元も子もないからな！

キャンプをすれば……「サードプレイス」を確保せよ。自分だけの世界と出会える！

お悩み

いつも他人の目が気になります。何をするにも、「どう思われるのか」「嫌われないか」と考えてしまって行動に移せません。

周りの目が気になって、思い通りに行動ができないというのは、もしかして過去に何か痛い目にあったことがあるとか？　ワシなんかまったく気にならないけどなぁ（笑）。気にしないのが一番じゃ！

えっ？　終わりですか？

まぁ、どうしてもそういかないという人には、「週末ソロキャンプ」で**自分だけの世界を持つ**ことをオススメする。みんなでワイワイするキャンプも楽しいが、また周囲の目が気になってしまうだろうから、あえてのソロだ。

自分ひとりだから、何時に寝ようが、食事を抜こうが、屁をこうが、誰にも文句は言われない（笑）。自然の中で、好きなことをして過ごせるから、**めちゃくちゃリフレッシュできる**ぞ。

確かにひとりなら気がラクですね。

できればあちこちに行くのではなく、同じところに何度も通うといい。ひとりでも手軽に行けるキャンプ場を見つけ、何度か訪れるうちにキャンプ場スタッフや常連客、近くのコンビニ店員などと顔見知りになれば、会釈をしたり、短い会話を交わしたりするだろう。それがまた何とも心地よくてなぁ。

人見知りだから、上手く会話できるかどうか……。

いや、上手く話せなくてもいいんじゃや。職場でもなく、家でもない**「サードプレイス（＝第三の場所）」**を持つこと自体に意味があるからな。

人は**自分の日常生活と関係のない第三者と接することで、心が癒やされる**と言われている。知っている人たちだけの中にいると、気が張ってしまうだろうし、気になってしょうがないかもしれないが、「顔は一応知っている」といった程度の関係性の人たちと、ちょっとしたコミュニケーションを取ることで、日頃のストレス解消にもつながるんじゃや。

行きつけのカフェやスポーツジムなど、場所は人それぞれじゃが、人との適度な関わりと、自然という名のリラックス空間がそろったキャンプ場ほど、サードプレイスに適した場所はないと思うぞ。

ALONE!

キャンプをすれば……

あれもこれもと考えるな！ マルチタスク脳が鍛錬される

お悩み

一度にいくつものことをやるのが苦手です。どうしてもテンパってしまい、どれも中途半端になってしまって……。

確かに、いくつものことを同時進行でこなす「マルチタスク」が上手な人と、そうでない人がいるようじゃな。あれもこれもと考えるから焦ってしまい、パニックになるんじゃないか？　慌てず冷静に考えれば、「まずは何をすべきか」という優先順位が見えてくる。それに沿って行動すれば、迷いなく進められるぞ。

キャンプにはいろいろな作業があって同時に進行する場面も多いから、**マルチタスクの予行練習にはピッタリ**かもな。現地の天候の心配から食材の手配、複数人いる場合は作業分担など、**一度にたくさんのことを考えて進めるのが当たり前**だからじゃ。

とくに食事作りは複数のメニューを同時に出来上がるように逆算し、並行して進めていかないと帳尻が合わなくなるじゃろ。しかも、他の人と連携して動くことも必要だから、ひとり黙々とやるのではなく、意識的に人とおしゃべりをしながら作業するようにしたい。

ただ、どうしてもマルチにこなすのが難しい場合は思い切って諦めて、、あえてひとつひとつの作業に全集中して終わったら次に進むという**「シングルタスク」を極めるやり方もアリ**じゃ。ジャガイモだけをひたすらむいたり、かき混ぜや味付けに専念するとか……。集中力がアップすれば、マルチタスク同様の「効率」を手にすることができるぞ。

キャンプをすれば……

週末を充実させてリフレッシュ。笑い&適度な疲労で脱ストレス！

お悩み

月曜日が来ると思うと、前日からたまらなく憂うつです。「サザエさん症候群」「ブルーマンデー」を乗り越えたいです。

おぬしはいま、仕事のストレスでいっぱいいっぱいになっている状態だから、週末のうちにしっかりリフレッシュして、ストレスを発散しておくことが必要じゃな。それにうってつけなのが**「週末リフレッシュキャンプ」**じゃ！　キャンプに行って自然の中で過ごすと心が開放的になり、いい感情を持ちやすいという

「フィーリンググッド効果」も期待できるからな。

響きからして、なんだかすごくよさそうですね。

ストレスのもとにうまく対処しようとすることを「ストレスコーピング」というのじゃが、できるだけその効果を実感できるようなキャンプをすることをオススメする。

まず、**「笑い」は最大のストレスコーピング**になると言われているので、お互い大笑いできるような、気心の知れた仲間と出かけること。逆に、うんちくをひけらかしたり、やたら細かく指示したり、他人の行動にいちいちダメ出ししてきたりするような奴と一緒だと、それ自体がストレスになるから絶対に避けるべし。参加者の顔ぶれは要チェックじゃな。

なるほど。口うるさい上司と一緒じゃ、逆効果ですね（笑）。

それから、キャンプのついでに川遊びや釣り、山歩きなど、自然の中でさまざまなレクリエーションを楽しむといい。木々のざわめきや鳥のさえずりなど、自然が奏でる音を耳にしながら動くことで、体も心もほぐれてゆくじゃろう。ただ、自分が本当に楽しいと思えるものをチョイスすることが大切じゃ。気乗りしないのに無理して参加して緊張しっ放しだったり、ケガをしたりしては元も子もないからな。

とにかく無理はしちゃいけない、ということですね。

その通り！　そうして体を動かせば適度な疲労が生まれ、**心を曇らせている暇もなく、翌日までぐっすり眠れる**ようになる。

週末キャンプでリフレッシュ＆パワーチャージすれば、月曜の朝には気分もスッキリし、さわやかな一日の始まりを迎えられるはずじゃ。ターボ全開で、一週間のスタートを切れるようになるぞ！

わっはっはっはっはっはっは
(笑)

お悩み

仕事で企画書を作ったり、プレゼンをしたりするのですが、アイデアが全然思い浮かびません。毎回プレッシャーで泣きたいです。

キャンプをすれば……

問題から距離を置くべし。脳が休まりひらめき力アップ！

企画書やプレゼンに苦手意識を持つ人は意外と多いようじゃな。プレゼンの前日に心配で眠れないとか、胃がシクシクする人もいるらしい。

こういう企画系の仕事というのは、やはり「ひらめき力」が勝負。といっても、人間、無理にひらめこうと思っても、なかなか難しい。ところが、ワシは**キャンプ場にいる**

と、よくひらめくんじゃ。満天の星や焚き火を無心で眺めていると、いつの間にかいいアイデアが舞い降りてくる。自然の中で思い切り羽を伸ばし、のんびりと心も体もリラックスするのがいいんだろうな。オフィスの中で悶々と考えるよりも、よっぽど収穫は多いはず。

どうやら「ひらめき」というものは、直面している問題から少し離れた時に生まれるらしい。**いつもフル回転している脳を少し休め、リラックスした時にこそアイデアが浮かびやすい**ということじゃ。だから、ひらめきが欲しくなったら、迷わずキャンプに行くべし！

その際、アイデアがいつ降りてきてもいいように、書き留めるためのノートを荷物の奥のほうに潜ませておくといいじゃろう。そして、せっかくいいアイデアが浮かんでも、それを上手にプレゼンできなければ意味がない。そこはやはり、何度も何度もリハーサルをして臨むしかないだろうな。がんばれよ！

お悩み
友人から「真面目すぎる」とよく言われます。融通がきかず、突然の出来事に対して冷静に対応するのが苦手です。

キャンプをすれば…… 動じない心を手に入れよ。「臨機応変」の本質が見える！

真面目な奴ってのは、物事が予定通りに進んでいる時はいいけれど、突発的なアクシデントやトラブルが発生すると、途端にテンパってしまい、上手く対応できなかったりする。「まぁ、まずは落ち着けよ」と言いたくなるけどな。

キャンプは自然の中で行うので、天候の急変をはじめ、食材の不足や道具の故障など、さまざまなアクシデントやトラブルが起こりやすい。

ワシみたいに経験を積んだベテランキャンパーになると、カレーライス用の米を忘れて急きょカレー焼きそばに変えてみたり、急な雨を、ごみ袋で作った雨合羽でしのいだり、トイレットペーパーがなければ葉っぱで代用したり……。たいていのアクシデントには対処できる。何があっても慌てず騒がず冷静に判断して、その場で解決に導くことができるのだ。さすがじゃろ？

上手な字を見ていないと上手な字が書けないのと同じで、そういう柔軟性や適応力のある、**お手本になるような人を見つけ、じっと観察して真似する**のが手っ取り早いじゃろうな。

まずはベテランキャンパーの主催するキャンプに参加して、間近で観察するといい。最初は見よう見まねでアクションのタイミングや対応の仕方を学んでいこう。**場数を踏むことでおのずと経験値も上がり**、自信もついて日常で起こる不測の事態にも上手く対応できるようになるはずじゃ。

キャンプをすれば……

お悩み

職場に相性の悪い上司がいます。悪い人ではないのですが、どうにもソリが合わず、うまく付き合っていく方法を模索中です。

先入観を捨て一歩引いてみる。嫌な人の長所も見えてくる！

ワシが、まだキャンプを始めた頃の話でな。「そんなやり方じゃダメだ」などと頭ごなしに否定し、「本物のキャンパーってのはな……」とやたら先輩風を吹かして自慢話ばかりするイケ好かない先輩がいて、いちいちムカついてたな。

でも、ある時、そいつの言っていたことが、実は安全性の観点から重要だったとわかる瞬間があって、そこからはもうリスペクト！　そうなると不思議なもんで、相手の態度も少しずつ変わっていき、いつの間にか普通に話せるようになっていた。

相性が悪いと決めつけないで一歩引いてみて、相手にもいいところがないか探してみたらどうだ？　本人がいる職場ではわからないかもしれないが、キャンプに行って満天の星を仰いでみれば見え方も変わってくるはずじゃ。**自然の力によって解きほぐされた心の状態なら、何事も落ち着いて客観視しやすい**からな。

「口うるさい上司だと思っていたけど、意外と部下思いかも」とか、「ざっくりしすぎだけど、逆に自由にやらせてくれていたのかも」とか、**先入観やフレームが外れて、**何かしらプラスの部分が見つかるんじゃないかな。

また、態度や言い方が気に食わないとしても、「これがその人のコミュニケーションスタイルなんだ」と割り切って付き合えば、意外とすんなりいくこともある。コミュニケーションの取り方は人それぞれ。キャンプに行って「そういう人もいるんだ」と考えられる心の状態を保ちたいものじゃ。

キャンプをすれば……人との触れ合いがカギ。脳と体が刺激され認知症予防に！

お悩み

最近、人の名前や固有名詞がとっさに出てこないことがあります。「このままだと認知症まっしぐら？」と不安なんですが……。

まだ若いのに認知症の心配なんて、さすがに早すぎるんじゃないか？　確かにワシも年々、人の顔は浮かんでいるのになかなか名前が思い出せなくてモヤモヤすることが増えてきて、他人事ではないのじゃが……。

実は、キャンプなどの野外活動は、昔から自律神経の不調などに対する「行動療法」

として利用されている。自然の中で活動することによって心や体が開放されるうえ、集団で手分けして共同作業をすることで、**社会的な交流や人との触れ合いが得られる**からじゃ。

高齢者の中でも、外出を避けて引きこもりがちな人は、認知症が進行する傾向にあるそうだが、これは他者との交流が減ってしまっていることが一因と言われている。やはり人と触れ合い、協力して作業をすることは、人間にとってかなり大きな意味や効果があるんじゃな。

また、キャンプではイヤでも体を動かし、運動することになる。足腰はもちろんだが、いつも使っている場所とは違う筋肉を使うことになり、これも**脳にはいい刺激**になるんじゃ。

脳が活発に動くということは、**認知症の予防につながる**というわけだ。だから、おぬしも認知症が心配ならウジウジと悩んでいないで、即刻、予防効果の高いキャンプに行こう。

キャンプをすれば……

お悩み

彼氏と付き合ってもう3年。30歳を過ぎたしそろそろ結婚を考えているのですが、彼氏の決断力がゼロで困っています。

互いを補い合える関係性が重要。結婚への道筋が明確に見える！

長く付き合っているカップルで、「結婚したい女性＋まだしたくない男性」ってのは、実にありがちなパターン！　男というものはそういう決断を先延ばしにしたがる生き物だからな（笑）。

そもそも恋愛ってのはな、**ふたりの関係が深まるにつれて相手に求めることも変**

わってくると言われておる。

初期段階では外見や性格などのＳ＝刺激（Ｓｔｉｍｕｌｕｓ）、中期段階ではＶ＝価値観（Ｖａｌｕｅ）の共有、最終段階ではＲ＝役割（Ｒｏｌｅ）といった具合じゃ。これを「ＳＶＲ理論」と言うんじゃが、まぁ簡単に説明すると、**恋愛はまず刺激がないと始まらないし、趣味や価値観が一緒なら長続きしやすい**ということじゃ。おそらく君たちカップルの場合、そこまではうまくいってるんじゃないか？

そうですね、価値観は似ているような気がします。

しかし、そこから先へ進むための決定力に欠けているという状態じゃな。これを動かすのが「Ｒ」なんじゃ。つまり、**お互いが役割を理解し、苦手な部分を補い合う関係性**かどうかが重要になるということ。それを確かめられるのがキャンプじゃ！

キャンプにはテント張りや料理、片付けなど、さまざまな作業分担があるから、たとえば「私、料理を作るのが好き」「僕は片付けが得意」といった具合に、得意なことをアピールするには絶好の場といえるだろう。だから、まず彼が苦手で君ができることを見つけてアピールしよう。そして、彼にも得意そうなことをやってもらう。そうしてお互いに必要で補い合える存在であることを実感できれば、結婚への道まっしぐらじゃぞ！

なるほど～。私、料理は得意なので、さっそくやってみます。

それと、キャンプに行った時は、写真や動画をできるだけ多く撮っておくべし。のちのち、それらを眺めながら、「あの時は楽しかったね」などと一緒に思い出すのも効果的じゃや。**楽しかった体験を繰り返し再生、共有すること**で仲が深まると言われているからな。幸運を祈るぞ！

ありがとうございます！　キャンプに行って「R作戦」を決行し、彼に結婚を決断させてみせます！　ワクワク。

きゅん

キャンプをすれば……

何度もリハを重ねるべし。見知らぬ相手と練習し放題！

お悩み

営業職なので初対面の人と話す機会が多いのですが、口下手でなかなか会話が弾みません。上手く話せるようになりたいです。

初対面の人とスムースに話すには、とにかくリハーサルをするのが一番。キャンプ場では挨拶をはじめ、テントや炊事場で隣り合った人と「いいお天気ですね～」なんて軽く会話をする流れになったりと、知人以外と話す機会が意外と多い。**自然に囲まれた開放的な場だからこそ、気張らずに会話ができる**ので、リハーサ

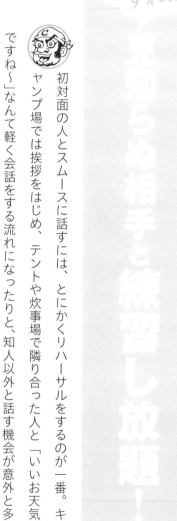

ルの場にもってこいじゃ！　たとえ会話が盛り上がらなかったとしても全然いいんだ。相手だって気にしちゃいない。何度も何度も人と話す実践練習を重ねれば、そのうち「なんてことない」と思えてきて、仕事で初対面の人と話さなければいけない場面もへっちゃらになるぞ。

それに、毎回「なんて言おう」と考えるから緊張するのであって、**初対面の相手に対しては、あらかじめ自分なりの挨拶の形やスタイルを作っておく**といい。いつものキャッチフレーズを決め、10秒・30秒バージョンなど、長さを変えていくつか準備しておく。その際、名前だけでなく、出身地や趣味、マイブームなど、何かしら会話の糸口になるような要素を入れておくべし。これは「アイスブレイク」といって、最初に両者の間の氷を解かす突破口のような役割を果たしてくれるんじゃ。

さらに、挨拶前には何度か深呼吸をして、顔を上げて胸を開く「ハイパワーポーズ」をやってみろ。これを2分間行うだけで「テストステロン」というアゲアゲホルモンが15分間も分泌するんじゃ。堂々と見えるので、第一印象もグンとよくなるぞ！

Camp column 3

仕事はオフィスよりも自然の中のほうがはかどる⁉

仕事でよいアイデアが浮かばない時や煮詰まった時、デスクの前で腕を組んでダラダラと思案を巡らせるも、まるで出口が見えてこない。それどころか、どんどんドツボにはまって時間だけが過ぎていき、ますます焦って空回り……。なんて経験をしたことがある人は、意外と多いのでは？

そんな時は思い切って、自然の中に身を置いて作業するのもひとつの手だ。ガラリと環境を変えると気分も変わり、仕事がスイスイはかどったりもする。

というのも、人間は都会から自然豊かな環境に移動すると「逃避と魅了の効果」を実感できると言われているからだ。街中のオフィスから緑あふれる場所に出かけることで、目の前の困難な現実から抜け出すことができる。

加えて言うと、魅力的な景色や澄んだ空気の中でリラックスしたり、ご飯を食べたりすると気分が上向きになり、仕事にも集中しやすい。実際、「自然に触れている時間が長い人ほど生産性が高い」という調査結果もある。

第4章
子育て編

5歳の子どもを持つ
スギムラさん一家の場合——
ごはんできたわよ〜
は〜〜い。
お母さんのごはんはなんでも美味しいね!
同意!
あらそう? ありがとう
ねえ、お父さんの得意なことってなんだっけ?
ん? 得意なことか……
スポーツNG
15
DIYNG
ガーデニングNG
う……
改めて考えてみると
とくになかった(趣味も)

このままじゃ親としての面目が立たないので一念発起
よしっ!
ぐっ
父親のためのキャンプ講座に参加してみた
テントを立てたり
よき。
木の枝と蔓でブッシュクラフト
よき。
火をおこしたり
よき。
鶏の丸焼きにも挑戦
よき。
昆虫を捕まえたり野花の種類を覚えたり
WILD!
サバイバル力が一気にアップ
ワイルドだろう?

そしていよいよ家族を連れてキャンプへ――
黙って俺についてこい
設営もバッチリ
すご～～い！
フィールドにも詳しく
こっちがミズナラで、こっちがクヌギだぞ
ドングリっていろいろあるんだね
料理も完璧!!
丸焼きっ！
チョー丸ッ！
お父さん、キャンプの達人だね
えっへん。

私も達人になりたい！
エッ!?
さっそく。
見守りながらやらせてみましょ
それがいいな
テントもひとりで
すげえ。
ごはんも作れちゃう
すげえ。
生き物にも興味津々
すげえ。
もはや父親の出番なし（笑）でも、ぐんと成長した娘を見てしあわせを感じるのでした
今度はどこのキャンプ場に行く？

キャンプをすれば……自信がついて物事の見通しが立つ！

成功体験の積み重ねが大事。

お悩み

物事を途中で投げ出してしまい、最後までやり通すのが苦手な我が子。人の話も全然聞かないので困っています。

キャンプでは何事も自分でやらないと状況が進まないし、人の話を聞かないと食事の準備についていけないなど、自分にも不都合が生じるので、おのずと成長することができるぞ。一緒にファミリーキャンプに行くか、サマーキャンプにドーンと送り出してみよう。

ファミリーキャンプの場合は、眠る時はひとりにするなどして「ソロキャンプ」を疑似体験させるのがいいじゃろう。ただ、何かと手を出したくなってしまうのが親心というもの。その点、各種団体が主催するサマーキャンプでは、子どもがやるべきことをやり終えるまでじっくり見守ってくれるところもあり、そういった環境下では子どもも途中で投げ出すことなく、粘り強く挑戦しやすい。事前に開催される説明会に参加して、お子さんに合っていそうな団体を選ぼう。

そもそも子どもは年齢や発育によっても異なるが、見通しをもって行動することが苦手な場合も多く、先が見えないから途中で諦めてしまうというケースも少なくない。だからそのような子には、**「いま、取り組んでいる瞬間」にマメに褒めてあげて、小さな成功体験を積み重ねて**あげることが大切じゃ。そうすることで18ページでも紹介した「自己効力感」が身について自信ややる気に満ち、まだやったことのない体験の結果もイメージできるようになって、物事の見通しも立てやすくなるはず。次第に日常での作業に集中して取り組み、人の話にも耳を傾けられるようになるじゃろう。

お悩み

大きな自然災害や感染症の流行が突然発生する世の中で、予測不能な状況でもたくましく生きる力を子どもに身につけさせたい。

キャンプをすれば……
サバイバル感覚が必要。「生き抜く心得」を学べる！

災害時など日常と異なる環境に置かれた場合に、自分を信じて根気強く課題と向き合う能力は、まさしく日常と離れたキャンプで培える要素じゃ。

以前からアメリカの西海岸では、限られた持ち物を工夫して使う半自給自足の「サバイバルキャンプ」が支持されておる。とくに、世界的なＩＴ企業が集まるシリコン

バレー地域の家庭では実践されているケースが多く、何でもそろった環境で生まれ育った子どもに、何もないところで「生き抜く体験」をさせることが推奨されている。

サバイバルキャンプでは、限られたロープとシートだけでシェルターを作ったり、自分たちで水や火を確保するなど、生きるために重要なプログラムが組まれており「**何もない」とはどういうことか**を体感できる。子どもたちはそこで「**無から有を生み出す**」ことを学ぶのじゃ。

自然災害に直面した時は、そうしたスキルのほかに、タフな気持ちも求められる。そのためには楽しいだけじゃなく、泥臭いキャンプ体験もしておく必要があるかもしれん。登山や水上プログラムを通じて、自然や仲間、自分自身に目を向ける「教育キャンプ・組織キャンプ」では、リスクが発生した時の冷静な判断や行動を学べるだろう。最近では学校の体育館で「防災キャンプ」を実施している学校や自治体もあると聞く。子どもに身につけさせたい「生きる力」を養ってくれそうなキャンプを見つけてはどうじゃろうか。

お悩み

最近子どもが生まれました。安全性を考えると、いつ頃から自然と触れ合う機会を持たせていいのかわかりません。

キャンプをすれば……
0歳から外で遊ばせよう。原体験を与えられる！

自然と触れ合える機会といえばキャンプじゃが、一般的には長時間の外出ができてトイレと食事が自立した3歳頃から始めるとよいと言われている。ただワシ個人の意見としては、誤飲しないかなど大人が注意して見てあげられれば、7・8カ月の子どもでも、一緒に外へ出て芝を触ったり、セミや虫の声を聞いたりす

るといいんじゃないかと思っておる。

記憶には残らないと思うんですけど、意味はあるんですか？

いま、早期の幼児教育の重要性が注目されておる。**小さい頃に受けた刺激は必ず残り、その後で得る知識や体験の土台となる**んじゃ。キャンプ場は、学校や家と違ってコントロールされた環境じゃない。そういう自由なところで早いうちに五感を刺激するさまざまな体験をすると、将来の興味・関心に影響するんじゃないかと言われておるんじゃ。

以前に生後10カ月の子どもを連れた知人とピクニックをしたことがあるが、お子さんは葉っぱを取るだけでも楽しそうじゃった。なんでも口に入れて確かめるので、食べられるベリーなどが生えているところなら、味覚にもよい影響がありそうじゃな。

ちなみに大人がいない状況でのキャンプは何歳頃から可能ですか？

大人と子どものサイトを分ける「プチ子どもだけキャンプ」なら、自己決定ができる10歳前後からできると思うぞ。ただし、安全性を考えると、事前にキャンプに関するひととおりの実践講座が必要じゃ。

小さな頃からキャンプをしていた子って、どんな大人になってますか？

自然で育んだ感性を生かして芸術系の仕事をしている者もいれば、偏差値の高い学校に進学して、一般的に立派と言われる職に就いている者も多くてワシが驚いておる。

いまの日本の教育は教科書ベースになっているので、学校でできないことをキャンプで体験できたからじゃないかと思う。それによって**自分の興味・関心を深める機会**が多くあったからじゃないだろうか。

幼少期のキャンプ体験がこんなに大事だとは！　早く連れて行ってあげたいと思います。

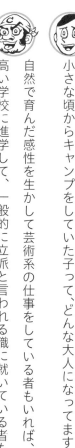

アホ
は?
ブリい?

キャンプをすれば……

親も一緒に観察&考えてみよう。興味を持てるチャンスが満載!

お悩み

子どもが生き物や虫を怖がります。僕自身も虫は苦手なので気持ちはわかるのですが、どうにか克服してほしいです。

おぬしが虫嫌いなのが気になるな……。子どもが生き物や虫を嫌いになってしまう原因は、周囲の人間にあると言われておる。**周りの大人や友人が嫌がると、本人も「これは気持ち悪いんだ」と思う**ようになってしまうからだ。

虫の中には人に危害を加える種類もおるし、自分の身を守るためにもある程度の恐怖心を抱いてもいいとは思うが、嫌いなものが増えてしまうのはもったいない。

まぁそうは言っても、一度嫌いになったものは、なかなか好きになるのが難しい。いきなり「虫を好きになれ」と言われても困るじゃろう。

そこで大事なのが**「どうしてこの生き物がここにいるんだろう」と、子どもと一緒に考える**ことじゃ。自然に囲まれたキャンプ場なら多くの虫や生き物に遭遇できて、考える機会を増やすことができる。おぬしも怖がっていないで、何のためにその生き物がこの場所にいるのかを考えることは、生き物への親しみにつながるぞ。

小さな子であれば、実際に動いているところを見せる前に、図鑑で触れておくのもいいかもしれない。反応を見ながら、徐々に慣れていってもらおう。

やはり嫌いになってしまうと、そこで関心がシャットアウトして終わりになってしまう。一方、興味が持てればだんだん好きになり、ゆくゆくは生き物を研究する人になるかもしれんぞ。子どもの可能性は無限大。その可能性を、親が摘んでしまわないように気をつけんといかんな。

お悩み

家では家族全員から雑に扱われ、父親の威厳はどこへやら。子どもが憧れるような「理想の親」の姿を見せたいです。

キャンプをすれば……

父親の見せ場が盛り沢山！

事前の特訓をお忘れなく。

キャンプは普段と違う姿を見せやすいため、**家族から尊敬を獲得できる絶好の場**じゃ。もう30年ほど前になるが、「お父さんのためのキャンプ講座」なるものを開いたことがある。週末の家族キャンプでいい格好を見せるべく、多くのお父さんたちが来ておったな。テントの立て方や簡単なロープワーク、ダッチオーブ

ンを使う料理などを教えたりしたのだが、時代が変わっても、お父さんが子どもにカッコいい姿を見せたいのは変わらないものだな。ハッハッハッ。

キャンプに行く前は、アウトドアショップ主催の講座に参加したり、書籍やインターネットでスキルや情報を得るなどして、(こっそり)事前に特訓してから挑むんじゃぞ。ここで失敗しては、株がさらにダダ下がりだからな(笑)。

さらに、**自然や環境に関するお父さんの考え方をお子さんに伝える**のも大事じゃないかと思う。「実はそんなことを考えていたなんて……お父さんカッコいい!」と思ってくれるかもしれん。キャンプ場で実際に活躍するお父さんだけが、「理想の親の姿じゃない」ということじゃ。

親子でキャンプを始めたら、自宅でも子どもたちが食器洗いの前に油汚れをきちんと拭ったり、物を片付けるようになったりと、積極的に家事を手伝うようになったという話も聞いたことがある。お父さんの努力やカッコよさが伝わると、親子関係にも変化が見られるということじゃな。

お悩み

なんでも私任せで優柔不断な我が子が心配。私もつい手を貸してしまうのですが、自分の道は自分で決める決断力をつけさせたいです。

キャンプをすれば……親は口を出すべからず。選択と決断の連続で鍛えられる！

どんなに優柔不断な子でも、キャンプに行けば「何かを決断する」必要に迫られる。テントを立てるとか立てないとか、食事をどうやって作るのかとか。役割に沿って、その都度どうするのかを**自分で決めて責任を果たさないと、物事が進行・成立しない状況のオンパレード**だからな。

そうするうちに、優柔不断だと何も進まない場所や局面が、世の中にはあることを知ることができる。

昔、子どもたちとサマーキャンプに行った時に、異様に重い荷物を背負った子がおってな。山を登り始める前にリュックを開けたら、水分かと思いきや、大量の漫画本が入っておったんじゃ！（笑） 漫画を持って行ってもいいが、重くて歩くのが大変だし、水のほうが大事だろう……と時間をかけて話し合ってな。最初はとても悩んでいた様子だったが、最終的には漫画本を置いていくことを、**自分で判断して決めることができた。**このように野外では、**優先順位を考えて行動**しなくてはいけない場面が多いので、おのずと考えるべきことが明確になり、決断力が身につきやすいんじゃ。

せっかく優柔不断を改善しようとキャンプに行っても、親があれこれ決めてしまうと、日常生活と同じになってしまうので要注意じゃ。忍耐力が必要かもしれんが……応援しとるぞ、お母さん！

お悩み

子どもには「思いやりの心」と感性を大切にしてほしいと思っています。一緒に育めるように、私にもできることを知りたいです。

キャンプをすれば……

非日常体験をさせよう。感度アップ&非認知能力も育つ!

親がしてあげられることといえば、キャンプに連れて行ってあげることじゃな。「キャンプ体験が子どもの思いやりに影響を与える」という北海道教育大学による研究[※1]報告がある。具体的には「相互理解」や「協力・支援」、それから「自己表現」を育むことに影響があるとされておる。

（※1）向坊 俊, 城後 豊, 2005, キャンプ体験が児童の思いやりに与える影響:「森の体験キャンプ」に着目して, 北海道教育大学紀要教育科学編, 55（2）, 19-26.

キャンプ場や公園ではルールやマナーを守ることが大前提じゃな。家にいるだけでは知り得ないが、その場に行けば徐々にわかるようになる。すると大人になってもゴミのポイ捨てや、動植物を雑に扱わない人間に育つはずじゃ。つまり、**自分がやったことで他の人や環境にどう影響を与えるのか、考えられるようになる**ということ。まさに「思いやりの心」じゃな。

なんでも私の真似をするので、まずは私が行動で見せなくちゃですね。

その通りじゃ。「子は親を映す鏡」。子どもは大人の行動をよく見ているし、**お母さんが言うことは、小さな子どもに大きな影響を与える。**キャンプ場のルールやマナーを教えてあげるなど、声がけしてあげることが、お子さんの思いやりの心を育む一助になると思うぞ。

それに子どもの頃のキャンプ体験って、日常では味わえない刺激があって感性にも影響しそうですね！

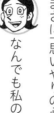

「日常との違い」は、子[※2]どもの学びにすべてつながり、感性に影響を与えるという報告がある。キャンプ体験を通して自然を身近に感じることで、**自然に対する感受性や感性の精度が高まり、表現力も豊かに**なるはずじゃ。

そして感度が高まれば、子どもの興味・関心にピタッと合う何かが見つかりやすくなるし、さらにそこを深く追求していくことで、もっともっと感性は磨かれていくと思うんじゃ。

また、小学生の頃の自然体験が多いほど、大人[※3]になってからの自己肯定感やコミュニケーション能力、へこたれない力や意欲が高い傾向もある。これは学校のテストの点数では把握できない**「非認知能力」**と言われる能力じゃ。子どもたちの人生を、より豊かにするものとも言えるじゃろうな。

それもまさに子どもに育んでほしいと思っていた力！　さっそくキャンプに連れて行ってあげたいと思います。

(※2) 国立青少年教育振興機構, 2018, 子供の頃の体験がはぐくむ力とその成果に関する調査研究
(※3) 瀧靖之, 2018,「子どもの脳を育てる偉大な自然:脳科学の視点 から」『森と自然を活用した保育・幼児教育ガイドブック(風鳴舎)』

キャンプをすれば……

まずはやりやすい環境で。好奇心が刺激されて経験値アップ！

お悩み

自然が苦手なため、子どもの遊びを制限してしまって申し訳ない気持ち。自然をほどよく取り込んだ遊び方を探しています。

ぜひ大自然の中でテントを立てて寝泊まりしてほしいが、少し抵抗があるのなら、コテージやバンガローを別荘感覚で借りるのはどうじゃ？　寝食の心配をせずに何をして遊ぶかに専念できるから、お母さんのストレスも減るじゃろう。

それからどこかに泊まらなくても、広々とした公園にお弁当や飲み物を持って行って、ピクニックやデイキャンプをするのも、キャンプ同様、非日常的な感覚が楽しめるのでオススメじゃ。大きな公園は植物を近くに感じられるようレイアウトが工夫されているので、子どもは**自然の中で新しい発見ができる**し、大自然が苦手なお母さんでも大丈夫なちょうどいいスポットだと思う。

または、家に観葉植物を置いてキャンプ風に遊ぶのもいいな。ダッチオーブンやスキレット、ホットサンドメーカーなどで子どもと一緒に「キャンプご飯」を作っても、いつもと違う感じがして楽しいぞ。室内やベランダにテントを立てて、ランタンを灯して、寝袋で寝たりするのも子どもにはたまらんじゃろう。実はこれ、遊びを通して災害時の訓練も兼ねられる「防災キャンプ」の役割も果たしてくれるんじゃ。

このような「中間的キャンプ」をすれば、お母さんの苦手意識も克服できて**キャンプの予行練習になる。**日常とは違う大自然の中でさまざまな体験をすることは**子どもの経験値を上げてくれる**から、これに慣れたらリアルなキャンプにゴーじゃ！

キャンプをすれば……

薪をナイフで削らせるべし。
粘り強さと集中力が身につく！

お悩み

何かをしていてもすぐ別のことに気を取られる我が子……。今年中学生になるとは思えない散漫な注意力が心配です。

キャンプには、火おこしをしたり、調理の際に刃物を使うなど、**集中しないといけない場面がたくさん**ある。限られた材料を無駄にできないという危機感もともなうし、何より自然の中だとリラックスできるから、普段の生活環境よりも集中しやすい。

とくに、薪を燃えやすくするために先端をナイフで削る、いわゆるフェザースティック作りは、先の見通しを立てながら粘り強く作業することが求められるので、**集中力や物事を最後までやり通す力が身につく**ぞ。あれは、丁寧かつ繊細に先端を削がないといけないんじゃ……。

集中力のない子に、いきなりナイフを与えるのは抵抗があります。

だったら、まずは小さなノコギリから与えてはどうじゃ？　ノコギリはナイフと違って引かないと切れないから、少し危険度が下がるじゃろう。振り下ろさないと切れないナタなどもいい。

もちろん、最初は使い方を説明しながら一緒にやることも大切だ。ナイフを持っている時はふざけない、座って作業をするといった使用する際の注意事項もちゃんと伝えよう。

小さなノコギリが使えるようになったら徐々に大きいサイズの刃物を渡していっ

て「切る」という作業に慣れさせるんじゃ。最近は、刃先の丸い子ども用のナイフなんかも売っているようだから、チェックしてみてな。

そうしていくうちに、子どもたちも「こうしたらよく切れる」「こう使ったら危ない」と**自分で考え、工夫するようになる。**できることが増えていくと夢中になって、集中する時間も延びていくはずじゃ。

適度に見守りながらチャレンジさせてみようと思います！

見ていてもどかしいかもしれんが、**大人は余計な手出しをしないことが肝心**じゃ。そして頑張って作業することができたら、しっかり褒めてあげることも忘れずにな。

きちんと安全策を取ったうえで多少手を切ってしまったりしても、大怪我でない限りはチャレンジの範囲内というか……。親としては心配だと思うが、痛みも含めて成長していくと思うから見守ってやってくれよ！

ドキ
ドキ
ドキ
ドキ

キャンプをすれば……

アウトドアで課題に挑戦させる。危険に関する判断力が身につく！

お悩み

子どもが小学生になり、できることが増えてきたのですが、遊び方が危なっかしく、見ていてヒヤヒヤします。

子どもの好奇心や探究心を育てるキャンプは、同時に危険もついてくる。そこでお子さんには本来、挑戦したいことと、それにともなう危険性の両方を考えてもらいたいところじゃ。しかし、そうは言っても小学校低学年にもなると、できる行動が増えて危ないことのほうが楽しくなり始めるお年頃。

そこでお父さんの出番じゃ！　本人の経験値にもよるが、起こりうる危険を子どもだけに予測させるのは限界がある。基本的には本人に考えて行動してもらうが、親御さんには、子どもの想像の範囲外にありそうな危険に対応できるよう備えておいてほしい。たとえば調理で多少手を切ったりするくらいは我慢強く見守って、本当に危険な時には助けられるように構えておこう。

一度危ない目に遭うと行動できなくなってしまうタイプの子は、ゆっくり奮い立たせていこう。同じことでも違う角度から挑戦すると成功することもあるし、一度成功を経験すると、未体験のことに対しても成功のイメージが湧くようになる。そうすると、危険だと思い怯えていた過去の失敗が成長のためのステップだったことに気付き、よりレベルの高いアクティブな行動もできるようになっていく。

キャンプで挑戦できる課題はいろいろ。そのレベルが高くなるほど、**リスクも経験値も上がる。それを繰り返すことで、危険かどうか判断する力が自然と身につく**はずじゃ。

キャンプをすれば……

お悩み

これからくるであろうAIの時代。日常での役割がAIに取って代わられないように、人間ならではの「創造力」を伸ばしたい。

いつもと違う環境に身を置くべき。無から有を生む訓練ができる！

子どもはいつもと違う環境と、ちょっとした道具を与えると、ひとりでに試行錯誤を始めるものじゃ。その時、用意する道具はできる限りシンプルなものがいいな。

無から有を作り出す面白さを体験してもらうことで、子どもの創造力はぐんと育つ。たとえば、ナイフ一本と森で拾った木の枝とかな。食事にしても、食材だけを用意してやって、調理は子どもたちに完全に任せてしまったら、いろいろ考えながら作ってくれて面白いかもしれれん。

その効果を発揮させるには、**大人は子どもの活動をなるべく自由に、妨げないようにする**ことが大事じゃ。失敗は織り込み済みで、あえて積極的に教えないようにしよう。非効率的だったり、料理がおいしくなかったり……普段であればイライラするかもしれんが、子どもたちが想像してチャレンジしたものを楽しく受け止めやすいのも、非日常のキャンプならではの利点じゃな。

ワシは非日常とされているキャンプが「日常的」になったらいいなと思っておる。キャンプが日常なら、渓流で釣りをしたり、山に入って山菜を採ったりと、ストレスが溜まっても自然に没入して忘れることができるからな。子どもたちには、自然の世界で自由に遊び、考えることで育んだ創造力を、日常生活に、ひいてはこれからの未来に生かすことで、豊かな人生を歩んでほしいと思っているんじゃ。

［監修者プロフィール］

杉山 崇（すぎやま・たかし）
神奈川大学教授・大学院人間科学研究科委員長。心理相談センター所長。臨床心理士。公認心理師。1級キャリアコンサルティング技能士。脳科学と心理学を融合させた次世代型の心理療法の開発・研究を行っている。各メディアにおける心理解説でも活躍。

田中一徳（たなか・かずのり）
國學院大學北海道短期大学部教授。研究分野は野外教育、レクリエーション、健康科学。ボーイスカウトやYMCAでキャンプを学び、学生時代は、小野川湖レイクショア野外活動センター（福島県裏磐梯）にて駐在員やボランティアリーダーとして過ごした経験を持つ。

晴香葉子（はるか・ようこ）
作家・心理学者・早稲田大学オープンカレッジ心理学講座講師。企業での就労経験を経て心理学の道へ。テレビ、ラジオ、雑誌など、メディアでの心理解説実績や著書多数。現在は、研究を進めるとともに、執筆・講演・心理監修などの活動を行っている。

NPO法人 Nature Service
心の疲れを感じやすくなっている現代。人の心をリラックスさせ、癒やす力を持つ「自然」に可能性を見いだし、「自然（Nature）に入ることを、もっと自然（Naturally）に」をテーマに掲げながら、キャンプ場やセミナー、WEBサイト運営などを通じて、アウトドアを楽しむ機会を創出し続けている。

運と上司に恵まれなくても
キャンプに行けば大丈夫

2021年11月5日　第1刷発行

発行人　塩見正孝
発行所　株式会社 三才ブックス
〒101-0041 東京都千代田区神田須田町2-6-5 OS'85ビル
TEL:03-3255-7995（代表）　FAX:03-5298-3520

編集	稲葉美映子／今田 壮（風来堂）
原稿執筆	姫乃たま／塩田真美
イラスト・マンガ	ヨシダプロ
装幀・デザイン	前田宏治（United）
編集人	梖 真悟

印刷・製本　図書印刷株式会社

ISBN978-4-86673-290-9　C0030

㊞✉ info@sansaibooks.co.jp